JN319791

古代オリエントの宗教

青木 健

講談社現代新書

2159

目次

序章　「聖書ストーリー」と「各民族の神話ストーリー」

1 「などて神は人となりたまひしか」

オリエントの宗教世界

紀元後二〜三世紀までのオリエントの宗教世界には、諸民族の伝統を反映した神話が並存し、必ずしも一つの神話ストーリーが他の神話群を収斂《しゅうれん》することはなかった。エジプトにはヘルメスの、小アジアにはキュベレの、アルメニアにはミトラの、イランにはアフラ・マズダーの、それ以外の地域にもそれぞれの伝統的な神話があった。それらは、今日我々にとって自明となっている「伝道し、改宗を促し、自覚的に帰依すべき宗教」とはほど遠く、「各民族の伝統に根ざす神話の緩やかな集合体」に過ぎなかったと思われる。この時期までのオリエントの諸宗教にかんしては、各民族の「神話ストーリーの堆積」として並列的な叙述が有効である（例えば、小川英雄『ローマ帝国の神々』二〇〇三年、本村凌二『多神教と一神教』二〇〇五年参照）。

『旧約聖書』と『新約聖書』の求心力

この状況に質的な転機が訪れるのが、紀元後二〜三世紀のこと。すなわち、ユダヤ人の神話や歴史を記した『旧約聖書』と、イエスの一代記を記した『新約聖書』の「聖典セット」が異常な求心力を発揮し、周辺諸民族の神話群を徐々に駆逐しはじめるのである。

なぜこのような事態になったのかは、よくわからない。ユダヤ人の歴史（『旧約聖書』）とイエスの一代記（『新約聖書』）がセット化した時点で、ストーリーの接続には相当の無理があったようにも思える。そのなかでもイエスの一代記の方は、彼を救世主《キリスト》だと認めるかぎりにおいては、普遍性がありそうな気がしないでもない。しかし、その前編である『旧約聖書』に書かれたユダヤ人の歴史となると、エジプト人、ペルシア人、ギリシア人、ローマ人など、ユダヤ人に匹敵する長い歴史を有する人びとにとっては、所詮は他人事に過ぎない。けれども、どういうわけか彼らは自らの神話を忘却し、代わりにユダヤ人の神話と歴史をもって普遍的な人類史だと確信するにいたるのである。

このため、二世紀以降のオリエントの宗教史については、以前のような並列的な叙述は不可能になる。それに代わって、「膨張をつづける聖書ストーリー」対「それに圧倒される各民族の神話ストーリー」という明確な対立軸が浮かび上がってくる。本書は、このような観点から、「聖書ストーリー」が突出した影響力をふるいだす紀元後二〜三世紀から、それがイスラームによって安定期に入る一三世紀までのオリエントの宗教史を扱う試

①**アダム**……神が直接創造した人類の祖で、彼の肋骨から**エヴァ**が造られた。蛇に唆《そそのか》され、**禁断の林檎**を食べてしまい、**楽園から追放**される。**カイン**、**アベル**、セトの3人の息子を儲ける。
②**ノア**……増殖した人類が堕落したので、神は**大洪水**を起こしてその罰を下した。その際、ノアと3人の息子セム、ハム、ヤペテたちが、**箱舟**を建造して脱出し、新たな人類の祖になった。
③**アブラハム**……現在のイラク在住の人物で、人類のなかで直接神から啓示を受けた最初の預言者。妻は**サラ**。パレスティナへ移住する途中で、**ソドムとゴモラの天の火**によって、ある都市が滅ぼされるのを見る。老齢になってからサラとのあいだに授かった嫡男**イサク**を神に生贄《いけにえ》として差し出す試練を課せられた。
④**イサク**……アブラハムが晩年に正妻サラとのあいだに儲けた嫡男。神からの試練で生贄に差し出されそうになるが、直前で天使がアブラハムを止めたので難を逃れた。妻は**レベッカ**。ユダヤ人の祖とされる。
⑤**イシュマエル**……アブラハムの庶長子。イサクが生まれると荒野に追放される。アラブ人の祖とみなされ、イスラームでは肯定的に評価される。
⑥**ヤコブ**……イサクの息子。神と格闘した勇者で、**イスラエル**の名を与えられる。晩年は息子の**ヨセフ**を頼って**エジプトに移住**した。
⑦**ヨセフ**……ヤコブの息子。兄がシメオン、弟がベンジャミンなど。兄弟たちに苛められ、イシュマエル人の隊商に売り飛ばされる。ところが、美貌で賢者だったので、エジプト王の奴隷となり、ファラオの宰相にまで出世する。飢饉の際にヤコブたち元の家族がエジプトに移住して頼ってくると、快く迎え入れた。
⑧**モーセ**……エジプトに移住したユダヤ人が迫害されているのを見て、先祖の地パレスティナへの脱出を試みた（**出エジプト**）。出発の際に、**過ぎ越しの祭り**の起源となる儀式をおこなう。途中で、紅海を2つに割る奇跡を起こした。シナイ半島に上陸後、**シナイ山**に登って、神から直接**十戒**を授かった。**ユダヤの聖法**である。ここにおいてユダヤ人は神と正式契約したので、『**契約の箱（アーク）**』を先頭にパレスティナへ向かった。その後、砂漠で40年間も彷徨《さまよ》い、存命中はパレスティナへ到着できなかった。兄として、補佐役の**アーロン**がいる。
⑨**ダビデ**……パレスティナへ到着したユダヤ人たちが**イスラエル王国**を築いた際の第2代王。在位紀元前1000～前961年とされる。巨人**ゴリアテ**を倒したことで名高い。
⑩**ソロモン**……ダビデの息子で、イスラエル王国の第3代王。在位紀元前961～前925年とされる。「**ソロモンの知恵**」の故事で名高い。
⑪**エレミヤ**……カルデア王国のエルサレム侵攻とバビロン捕囚（紀元前587年）を予言。弟子兼書記に**バルク**がいる。

図表1　『旧約聖書』の主要登場人物たち

確実なのは、1世紀のパレスティナで活動したユダヤ人で、その後処刑されたという点のみ。しかし、4福音書によれば、以下のようなイエス像が造られる。

- **ベツレヘム**において、**東方の三博士**が訪れるなか、**クリスマス**の夜に**処女マリア**から生まれた
- ナザレ地方で育ったので、通称**ナザレのイエス**といわれる
- マリアの従姉妹**エリザベス**の息子に**バプテスマのヨハネ**（つまりイエスの又従兄）がいた。およそ30歳で、その洗礼者ヨハネから**ヨルダン川で洗礼**を受ける
- 悪魔から**荒野の誘惑**を受けるが、斥《しりぞ》ける
- **12人の使徒**を連れて、下層階級のユダヤ人のあいだに教えを説く
- だんだん**救世主（キリスト）**ではないかとされる
- **エルサレム神殿**へ行って、ユダヤ人の聖法学者と論争するが、訴えられて**十字架上で処刑**される
- エルサレムに埋葬されたが、死後3日目に**復活（イエスの復活）**して現れる
- そのまま40日間地上にいたが、無事に**昇天（イエスの昇天）**する

図表2 『新約聖書』の4福音書によるイエスの生涯

みである。

それに先立って、まずは『旧約聖書』と『新約聖書』の内容を、本書の記述に関係する範囲内で簡単に紹介しておこう。図表1と図表2を参照していただきたい。

2 古代末期の二つの世界

東方のエヴァンゲリオン

紀元後二〜三世紀以降の「古代末期」と呼ばれる時代は、政治史的に見れば、地中海世界のローマ帝国（四世紀末以降はビザンティン帝国）とオリエント世界のサーサーン王朝ペル

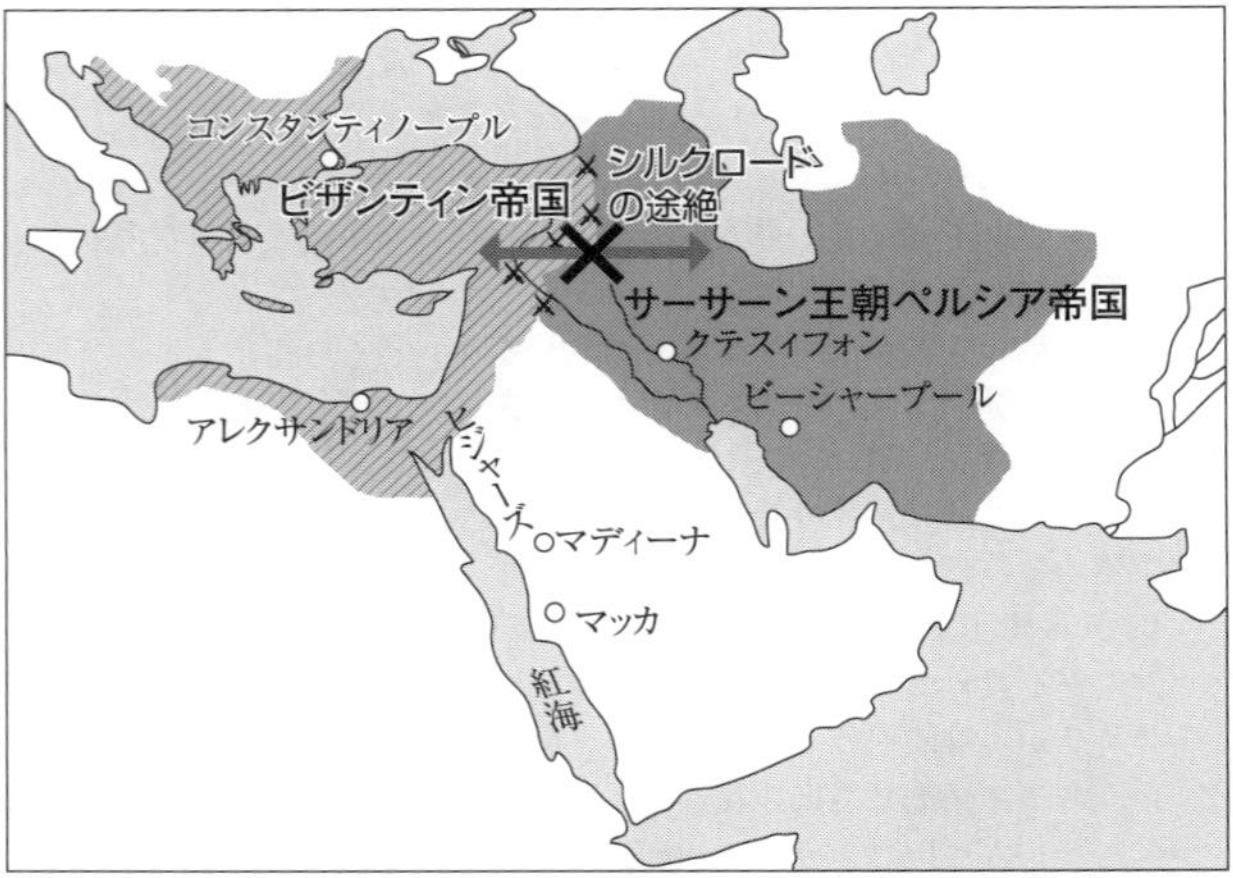

地図１　５〜６世紀のビザンティン帝国とサーサーン王朝ペルシア

シア帝国（七世紀以降はイスラーム共同体）という二つの超大国によって特徴づけられる。支配領域の広大さ、軍事力の強大さ、古代世界有数の穀倉地帯を擁しての富強さなどの点で、両帝国は群小諸国に抜きん出た存在であった。而《しか》して、この「聖書ストーリー」拡大への対応は、西方と東方でかなり対照的な様相を呈した。

　西方のローマ帝国領内では、ギリシア神話、ローマ神話、ゲルマン神話などは速やかに「聖書ストーリー」とカトリック教会によって排除されてゆく。当の「聖書ストーリー」自体も、『旧約聖書』＋『新約聖書』で打ち止めとなり、ユダヤ人の歴史がそのまま人類史を代表し、イエスが人類すべての救世主であり、十字架上で世の罪を贖《あがな》ったというところでストーリーは完結する。以後、西方での宗教的関心は、「救世主イエスとは何者か？」との問いに集約されていく。

これに対して、東方における福音＝エヴァンゲリオンの捉え方は、だいぶ異なっていた。といっても、土着のミトラ信仰、ゾロアスター教などが、「聖書ストーリー」に圧倒されるところまでは同じである。問題はその後で、東方の諸民族は以下のような問いかけをつぎつぎに発することになった。

二〜三世紀：「聖書ストーリー」の『旧約聖書』＋『新約聖書』という構成を認めるべきか？　グノーシス主義的な価値逆転の理解も可能ではないか？

四〜一三世紀：自らの土着宗教の教えは、「聖書ストーリー」の何処に座を占めるのか？

八〜一二世紀：「聖書ストーリー」に続編は可能か？　その場合、やはりグノーシス主義的な価値逆転の理解の方が望ましいのではないか？

このために、「聖書ストーリー」への東方の対処は西方とかなり変わった様相を見せ、上記の三つの問題意識に即して延々と「聖書」のアナザー・ストーリーとサブストーリーが分岐していった。こうなると、「聖書ストーリー」はイエスの十字架磔刑《たっけい》をはるかに超えて、「洗礼者ヨハネの預言」から、「メソポタミアで成立した真のキリスト教」「人類の七周期を司る七人の告知者」「ゾロアスター＝アブラハム説」まで、じつにさまざまな新解釈を現出させた。これらが、西方的な視点では捉えきれない東方におけるエヴァンゲリオンの＋αの部分である。

従来は、地中海世界におけるキリスト教の伝道がクローズアップされるのに比較して、古代末期東方の宗教史は必ずしも明瞭にされてこなかった。「光は東方から」ならぬ、「光の西方、闇の東方」と言えそうな事態である。だが、問題の系を見定めれば、二世紀以降のオリエントとヨーロッパの宗教史を貫く基調音は完全に共通している。

ただ、東方では西方の展開にプラスして、「聖書ストーリー」を内部改変し、「アナザー・ストーリー」「サブストーリー」を付け加えるというプロセスが生じてしまい、事態が非常に複雑になった。この動きがようやく終息するのが一三世紀である。したがって、大局的に見れば、古代末期東方の宗教史は、この二～一三世紀を一つの区切りとみなすことが可能である。本書はそのような視点から、できるかぎり西方の状況とも対照させつつ、古代末期東方の宗教史を描く試みとして構想されている。

3　東方の宗教的想像力——「アナザー・ストーリー」と「サブストーリー」

東方の「アナザー・ストーリー」——「聖書ストーリー」にいかに対抗するか

「聖書のアナザー・ストーリー」を量産したことが、東方の宗教意識や文化レベルの高さを示す事態なのかどうかはわからない。ただ、西方の人びとにくらべると、はるかに奔放な宗教的想像力を持っていた人びとだったようで、結果的にかなりの数のストーリーを生み出した。以下では、本書で東方の「アナザー・ストーリー」と「サブストーリー」を整理する基準を示そう。

東方の「アナザー・ストーリー」成立の第一の契機は、「聖書シリーズ」構成の再検討である。膨張する「聖書ストーリー」を支える「聖書シリーズ」に対し、東方で激しい攘《じょう》乱《らん》作用が起こった時期が二つあった。一つはグノーシス主義諸派が乱立する二〜三世紀であり、もう一つはそのグノーシス主義諸派ときわめてよく似た思想を説くシーア派イスラーム諸派が出現した八〜一〇世紀である。

これらの運動の担い手の興味関心は、「目の前に立ち現れた聖書ストーリーに対してどう対応するか？　その真意は物語の背後に隠されており、特別な叡智（グノーシス）を会得した人間にしか理解できないのではないか？」という「聖書ストーリー」の深読みにあったようで、これらの運動と東方の土着宗教との関係は判然としない。彼らの主たる関心は、完全に「聖書ストーリー」に内在化している。

マルキオーン主義、マンダ教、マーニー教――グノーシス主義諸派

以下の図表3は、左側縦コラムが東方の諸宗教を、上段横コラムが聖典を表している。本書では、この表に沿って諸宗教を概観してみよう。

紀元前一二世紀、モーセがシナイ山で十戒を授かったとされる頃から、**ユダヤ教**が形成される。しかし、長らくユダヤ人の民族宗教に留まり、彼らの聖典『**旧約聖書**』（『ヘブライ語聖書』）は古代オリエントに数ある神話群の一つに過ぎなかった。それが、紀元後三〇年頃に出現したナザレのイエスの宣教を描いた『**新約聖書**』（『ギリシア語聖書』）を経てシリーズ化し、急激にオリエントの他の神話群を圧倒して各地に拡散しはじめる。

二世紀のローマで成立した**マルキオーン主義**は、「聖書シリーズ」に何かを付け加えるというよりは、『旧約聖書』とイエスの伝記のミスマッチを指摘し、前者を切り捨てて後者だけを採った。つまり、「聖典セット」として~~『**旧約聖書**』~~＋『**新約聖書**』（ルカ書とパ

	『旧約聖書』	『マンダ教聖典』	『新約聖書』	『マーニー教7聖典』	『クルアーン』	イマーム言行録
ユダヤ教(前12世紀)	○	×	×	×	×	×
マンダ教(1～2世紀)	×	○	×(＊)	×	×	×
マルキオーン主義(2世紀)	×	×	○	×	×	×
原始キリスト教教会(2世紀)	○	×	○	×	×	×
マーニー教(3世紀)	×	×	○	○	×	×
イスラーム(7世紀)	○	×	○	×	○	×
イスマーイール派(8世紀)	○	×	○	×	○	○

＊部分的にではあるが、『新約聖書』のなかの洗礼者ヨハネを尊重している。

図表3　東方の諸宗教の「聖書シリーズ」の取捨選択

ウロ書簡のみ）という式を提示し、これこそイエスの真意であり、正しいキリスト教であると論じたのである。これは鮮やかな着想だったようで、彼を嚆矢《こうし》として『新約聖書』の結集がはじまり、エジプトやシリアでは同様の発想に立った**グノーシス主義**と呼ばれる諸派が乱立していく。

同じ頃に、『新約聖書』を前提とせずに、同じような傾向を示したのが、『旧約聖書』を全否定してヨルダンで成立した**マンダ教**である。すなわち、『旧約聖書』＋『新約聖書』という式で、代わりに独自の『**マンダ教聖典**』を立てた。

彼らは、「聖書ストーリー」の第一弾を否定してしまった以上、つづく『マーニー教七聖典』も『クルアーン』も、つぎつぎに否定せざるをえなくなった。こうなると、大流行する兆しの見えてきた「聖書ストーリー」から、きわめて拙《まず》いタイミングで離脱しているようにも思えるが、それらは「悪なる書」という負の意味で彼らの思想を支える錘《おもり》になったし、彼らの思想の代弁者として『新約聖書』の洗礼者ヨハネを選んでいるので、一応、過激な「聖書シリーズ」の取捨選択をおこなったグノーシス主義的宗教としてここに挙げた。

この趨勢に対して、二～三世紀の地中海世界に大きな勢力を保持していた原始キリスト教教会は、二つの文書整理をおこなって対抗した。一つは、当時までに多数のバリエーションが流布していたイエスの伝記のうち、「マタイ福音書」「マルコ福音書」「ルカ福音書」「ヨハネ福音書」の四福音書など二七書を聖典と定め、「トマス福音書」や「ユダ福音書」などを排除して、**『新約聖書』**の範囲を確定した。もう一つは、『旧約聖書』を容認し、これを『新約聖書』とセット化して、**『旧約聖書』**＋**『新約聖書』**の図式を公式教義とした。ただし、この段階では、この原始キリスト教教会が「キリスト教」の名称を独占する唯一の機関になるかどうか、まだ予断を許さなかった。

ところ変わって二～三世紀のメソポタミアでは、地中海世界に伝道していた原始キリスト教教会とはまったく違ったグノーシス主義的なキリスト教理解が浸透していた。しかも、地中海世界での原始キリスト教教会がギリシア語によって伝道していたのに対し、内陸シリアより東方ではシリア語が共通語になっていたので、西方と東方における「聖書ストーリー」理解の溝はかなり広がっていた。その東方的キリスト教の土壌のなかから、グノーシス主義諸派をさらに知的に洗練し、組織化した自称「真のキリスト教」が出現する。三世紀のマーニー・ハイイェーによる**マーニー教**(マニ教)である。

「イエス・キリストの使徒」を名乗る彼は、『旧約聖書』を全否定する一方、『新約聖書』は高く評価し、「聖書ストーリー」としては異例の善悪二つの神を想定するにいたった。しかも、「聖書ストーリー」とは何の関係もないザラスシュトラ・スピターマと仏陀《ブッダ》を預言者として取り込み、さらに自分自身の「預言」を書き著して、**『旧約聖書』**+**『新約聖書』**+**『マーニー教七聖典』**を「真のキリスト教」として提示したのである。ユダヤ教の革除と新聖典の加筆を一人でやってしまった点において、マーニーは歴史上、「聖書ストーリー」にもっともラディカルな操作を加えた人物となった。

乱立するシーア派諸派

四世紀になると、「聖書ストーリー」の内部構造を変更するというグノーシス主義的な発想は途絶える。マルキオーン主義はとっくに消滅し、マンダ教もメソポタミア南部へ移動してエスニック集団化した。キリスト教に対抗して「世界宗教」の座にもっとも近づいた「真のキリスト教」ことマーニー教も、六世紀までに地中海世界での勢力を失って敗退し、ここに原始キリスト教教会による**『旧約聖書』**＋**『新約聖書』**の「聖典セット」化は揺るぎないものとなった……ように思われた。

だが、七世紀に入ると、イエスの位置を相対化し、彼が「神の子」であることを否定するかたちで、「聖書ストーリー」の続編が出現する。すなわち、「聖書ストーリー」の「最後の預言者」を名乗るムハンマドと、彼の啓示に依拠する**イスラーム**である。彼の場合、マーニーほど知的な概念操作に習熟してはいなかったらしく、『旧約聖書』と『新約聖書』をそのまま（かなりの誤解を含みつつ）承認して、それへの追加版として『クルアーン』を提示した。「聖書ストーリー」の流れから見れば、グノーシス主義諸派やマーニー教にくらべて相当に保守的なスタンスである。このイスラームは、七〜一〇世紀の期間に東方世界で爆発的に普及し、この地域では**『旧約聖書』**＋**『新約聖書』**＋**『クルアーン』**のセット化が主流になった。

而して、ムハンマドが最終預言者であることを承認するなら、イスラームの枠内から「続編の続編」が出現する余地はもう残っていないように思われるのだが、東方の宗教的想像力はこれでもなお鎮まらなかった。アダムからムハンマドにいたる「預言者の周期」

は満了したものの、今度はその秘教的意味を解き明かす「イマームの周期」がはじまったと主張して、**シーア派イスラーム**の諸派が出現するのである。長い長い「聖書ストーリー」がやっと『クルアーン』で完結したと思ったら、じつはあれは「第一シリーズ」に過ぎないとされ、間髪をいれずに「第二シリーズ」がはじまったような衝撃である。

彼らによれば、「預言者の霊的能力を継承した歴代シーア派イマームの言行録」も聖典に匹敵する宗教的権威を有するので、「聖典セット」は（『**旧約聖書**』＋『**新約聖書**』＋『**クルアーン**』）＋「**歴代シーア派イマームの言行録**」にまで拡張されていった。そのうえ、そうでなくとも混乱している東方の宗教事情を一層紛糾させたことに、「イマームの周期」を司る当のイマーム就任の条件は「預言者ムハンマドとその従弟アリーの子孫」であったので、イマームが物凄い勢いで乱立し、「第二シリーズ」たる「歴代シーア派イマームの言行録」も必然的に急ピッチで増殖したのである。二～三世紀のグノーシス主義諸派を彷彿とさせるような、八～一〇世紀の**シーア派イスラーム諸派**の乱立であった。

このシーア派諸派の興亡を詳しく扱うとかなりの叙述を必要とするので、本書では八～一二世紀にかけて知的にも政治的にももっとも活発に活動した、**イスマーイール派**を取り上げよう。この宗派は、貪欲な知的志向を持った集団に指導されていたらしく、メソポタミアで地下活動をおこなっていた時期に、不思議にもかつてのグノーシス主義とそっくり同じ構造を具《そな》えた神話教義を形成して、マーニー教に匹敵するような大規模な改変を「聖書ストーリー」に施し、「真のイスラーム」を名乗った。しかも、この派のイマームたちは政治活動にも乗り出して、その独特の神話的教義の魅力をもって知識人のあいだに宣教した。一〇世紀にはエジプト〜チュニジアにファーティマ王朝（九〇九〜一一七一年）を樹立し、一時はイスラーム世界の西半分を覆うほどの権力をふるうにいたっている。

一二世紀を過ぎると、一〇〇〇年間絶えることのなかった東方の宗教的想像力もさすがに枯渇してきたのか、本人たちがこの種の議論に飽きたのか、ドラスティックに「聖書ストーリー」を改変する動きは消滅する。代わりに、イスラーム法学やイスラーム神学が固定化し、各地のイスラーム神学校で教授されることで、オリエントは今日我々が目にするようなイスラーム世界へと変貌していく。これを社会的安定と見るか、宗教的想像力の欠如と見るかは、立場によって違ってくると思われる。

東方の「サブストーリー」＝聖書シリーズの構成

つぎに、これらの「アナザー・ストーリー」とは質を異にする東方の「サブストーリー」成立の契機を示そう。すなわち、上述の「聖書シリーズの構成」を尺度とした場合、「聖書ストーリー」に積極的に参加しようという宗教思想を類型化することはできるものの、

	アダム	アブラハム	モーセ	イエス	ムハンマド	歴代イマーム	その他の聖者
ユダヤ教	○	○	○	×	×	×	○
キリスト教	○	○	○	○	×	×	○
ゾロアスター教	○	○	×	×	×	×	×
アルメニア正教	○	○	○	○	×	×	○
イスラーム	○	○	○	○	○	×	○
イスマーイール派	○	○	○	○	○	○	○

図表4　東方の諸宗教の「預言者・聖者」への同化

それにマッチしない東方の土着宗教が考察の対象から漏れるのである。

西方では、ローマ神話やゲルマン神話の内容が換骨奪胎されてカトリックの聖人崇拝のなかで生き延びたように、東方でも、土着の諸宗教の内容が「聖書ストーリー」の正統な続編「アナザー・ストーリー」というよりも、付加的な「サブストーリー」として生き残った。そして、その際の回路として機能したのが、比較的大きな土着宗教の場合にはその教祖を「聖書ストーリー」の預言者に、中小規模の土着宗教の場合にはその登場人物を聖人に配して取り込む「預言者・聖者論」である。

東方におけるこの種の習合の最初のケースは、四世紀の**アルメニアのミトラ信仰**である。当時まで、アルメニアではイラン系のミトラ崇拝が主流を占めていたのだが、三〇一年にアルメニア王国がキリスト教を国教に採用すると、前代の信仰は急速に勢力を弱めた。ただ、完全に根絶されたわけではなく、キリスト教の聖人のなかに姿を変えて潜り込み、「サブストーリー」化して生き残っている。

これよりはるかに大規模なケースとしては、**ゾロアスター教**がある。古代末期東方の土着宗教のなかで最大の規模を誇るゾロアスター教は、それ自体、「聖書ストーリー」からは独立した内部的な変化を起こしている。すなわち、三〜八世紀までは、時間を崇拝する**ゾロアスター教ズルヴァーン主義**が、ユダヤ教やキリスト教、マーニー教などの東進をブロックする役割を果たしていた。しかし、七世紀にアラブ人イスラーム教徒の進出の前にペルシア帝国が壊滅すると、ゾロアスター教徒の社会的立場が暴落し、「聖書ストーリー」のなかでもイスラームの進出を許してしまう。そんななか、九世紀以降、残った神官たちは、教義を一神教との差異を際立たせる**二元論的ゾロアスター教**へと転換したものの、「聖書ストーリー」の担い手たちも工夫を凝らして、ザラスシュトラに何らかの位置付けを与えるかたちでゾロアスター教を取り込む動きを見せていた。

取り込まれる教祖たち

その取り込み方には二つあった。まず、東方キリスト教徒の学者たちによって、ザラスシュトラは『旧約聖書』のなかの魔術師や偽預言者に該当するにちがいないと論じられた。これだと、彼に割り振られた役割は「聖書ストーリー」のなかの悪役に過ぎず、ゾロアスター教徒たちがこの理論に感心して東方キリスト教に改宗するはずがなかった。

つづいてイスラーム教徒の学者たちは、ザラスシュトラは『旧約聖書』の預言者アブラハムの仮の姿、またはその弟子にちがいないと論じた。一〇世紀以降のゾロアスター教徒たちはこの説明に深い感銘を受け、ついでにアダムやノアに該当する預言者もイラン神話の英雄のなかから選び出して当てはめ、一三世紀まではゾロアスター教も立派に「聖書ストーリー」に同化していった。

古代末期東方で最大規模を誇ったゾロアスター教のイスラームへの同化をもって、東方の土着宗教の「聖書ストーリー」への吸収が完了したと見ることができる。

4 東方の宗教思想史

本書の構成

本書は、上記の類型化のうち、西方から到来する「聖書のアナザー・ストーリー」と、それを受けて立つ東方の土着宗教を交互に取り上げ、視点を地中海世界とオリエント世界に均等に配分することによって、「古代末期東方の諸宗教」の立体的な概観を目的とする。

第一章では、一世紀頃にヨルダンで成立し、その後にメソポタミア南部に遷ったグノーシス主義宗教である**マンダ教**を取り上げる。これが、東方で派生した「聖書のアナザー・ストーリー」の、典型とは言えないまでも端緒だと思われるからである。これにつづく、ローマのマルキオーン主義、エジプトのヴァレンティノス派などのグノーシス主義諸派については、大貫隆『グノーシスの神話』、クルト・ルドルフ『グノーシス』、筒井賢治『グノーシス』などの優れた概説があるので、そちらを参照していただきたい。

第二章では、マンダ教につづき、東方で成立した「聖書のアナザー・ストーリー」の代表格といえる「真のキリスト教」こと**マーニー教**を取り上げる。上記のゾロアスター教ズルヴァーン主義の成立とほぼ同じ三世紀に、マンダ教徒たちが定住した付近からほど近いメソポタミア中部において、マーニー・ハイイェーが独特のイエス論を展開しながら、遍在するイエス・キリストとグノーシス主義的な神話構造の融合を説いた。そして、二次的な現象ながら、そこにゾロアスター教ズルヴァーン主義や仏教の要素も加えて壮大な世界宗教を完成させ、教祖自身が弟子たちを指導しつつ、ローマ帝国領内から中央アジアまで布教を試みている。

第三章では、「聖書ストーリー」が東方に進出してくる三世紀——マーニー教の成立と同時代——に、東方におけるその防波堤として、サーサーン王朝ペルシア帝国の国教となった**ゾロアスター教ズルヴァーン主義**を取り上げる。一般にゾロアスター教というと、九〜一〇世紀に文書化された二元論的な教義をもって「不変の本質」と捉え、その像を古代に向かって投影して理解される。しかし、資料を細かく見れば、三〜八世紀のゾロアスター教は善悪を超えた時間を崇拝する一神教的なズルヴァーン主義を唱えており、当時はこの教義をもって「聖書ストーリー」の東方進出に対抗していた。

第四章では、東方の土着宗教が「聖書ストーリー」のサブストーリー化するパターンのなかから、**アルメニアのミトラ信仰**を取り上げる。ローマ帝国とペルシア帝国の境界線上にあったアルメニアは、文化的には古代以来イランの影響力が強く、二世紀頃にはそのなかの一神格ミトラに対する信仰を深め、それにほとんど主神の地位を与えていた。しかも、この信仰は地中海世界に大きく受容され、二〜四世紀にはローマ帝国内で独特の祭儀をともなった**ミトラ教**として完成される。インド・イラン系の宗教——少なくともその神格——がこれほど大々的に地中海世界で広まったのは、後にも先にもこの時だけであった。

しかし、やがて「聖書ストーリー」が着実に普及しはじめると、ローマ帝国に広がったミトラ教どころか、アルメニア本国のミトラ信仰まで蚕食され、四世紀にはアルメニアは世界ではじめてキリスト教を国教に指定するまでに「聖書ストーリー」に密着した宗教政策を採る。キリスト教に追われたイラン系神話の神々は、運がよければ**アルメニア正統使徒教会**の妖精や聖者となって生き延びた。

第五章では、七世紀に東方を軍事的に征服し、これを政治的に支配するようになった「第四の聖書ストーリー」であるイスラームを取り上げる。といっても、普通のイスラームではなく、八世紀以降に「聖書ストーリー」を大胆に変革し、そこにグノーシス主義的な神話構造を接続しようと試みた**イスマーイール派**である。彼らはそれを独自のグノーシス主義的神話、および政治的な革命理論にまで練り上げ、一〇世紀にはチュニジアからエジプト、シリアまでを支配するファーティマ王朝を建国した。さらには、イラン・中央アジアにまで宣教員を派遣して、この独特の教義の魅力によって東方の知識人たちをひきつけ、イスマーイール派の解放区（ジャズィーラ）を設けている。結果的にイスマーイール派は、イスラーム時代に「聖書ストーリー」から派生した「アナザー・ストーリー」としては政治的にもっとも成功した宗派となった。但し、あまりにも「聖書ストーリー」に手を加えた教義は一般的なイスラーム教徒たちには受け入れられず、一二世紀末にファーティマ王朝が崩壊すると急速に没落していった。

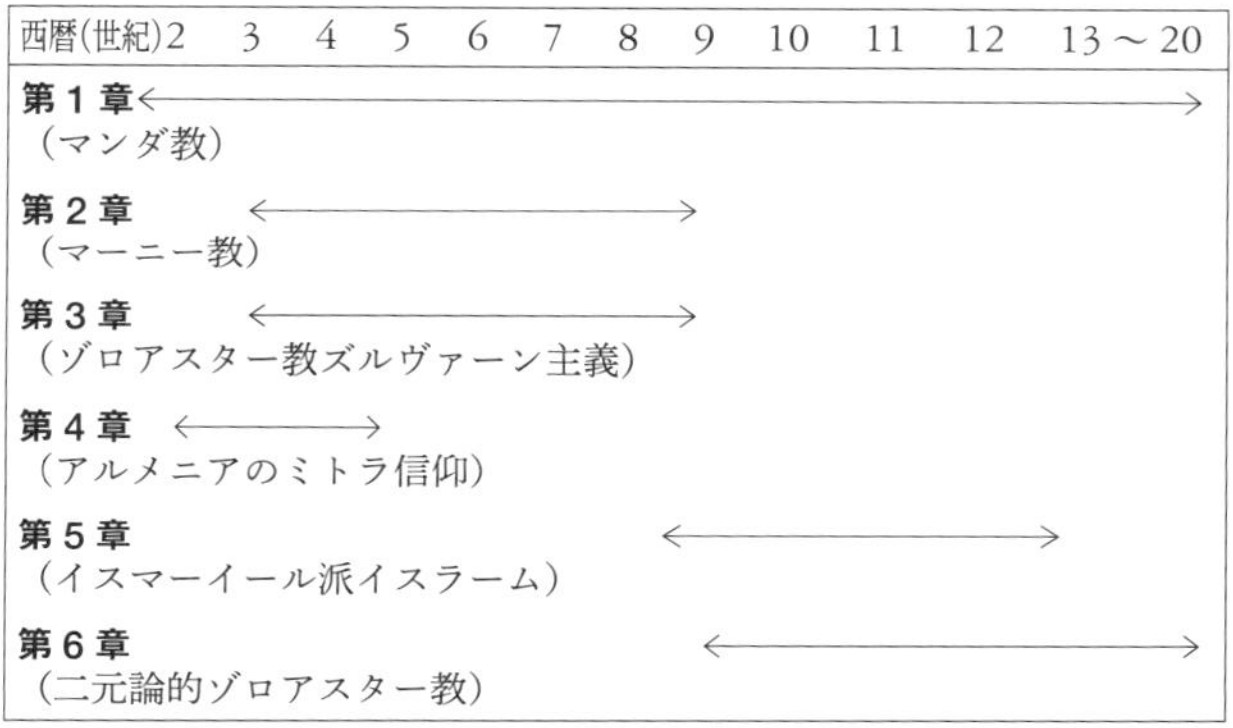

図表５　本書各章が扱う時代区分

第六章では、七世紀にペルシア帝国が崩壊してイラン高原がイスラーム化して以降、凋落著しい九〜一三世紀の**二元論的ゾロアスター教**を取り上げる。頽勢《たいせい》挽回しがたいゾロアスター教は、強者の立場に立ったキリスト教徒やイスラーム教徒——特に知的な関心が高いイスマーイール派——による働きかけもあって、とうとうザラスシュトラを「聖書ストーリー」のなかの預言者の一人として理解する方向に足を踏み出し、最終的には教祖をアブラハムと同一視する結論に落ち着く。ここにおいて、ペルシア帝国の国教として「聖書ストーリー」の東方進出を抑えていたゾロアスター教も、一三世紀には「聖書ストーリー」の「サブストーリー」化して生き延びる道を選択したことになり、「古代末期東方の諸宗教」はスンナ派イスラームによって代表される「聖書ストーリー」

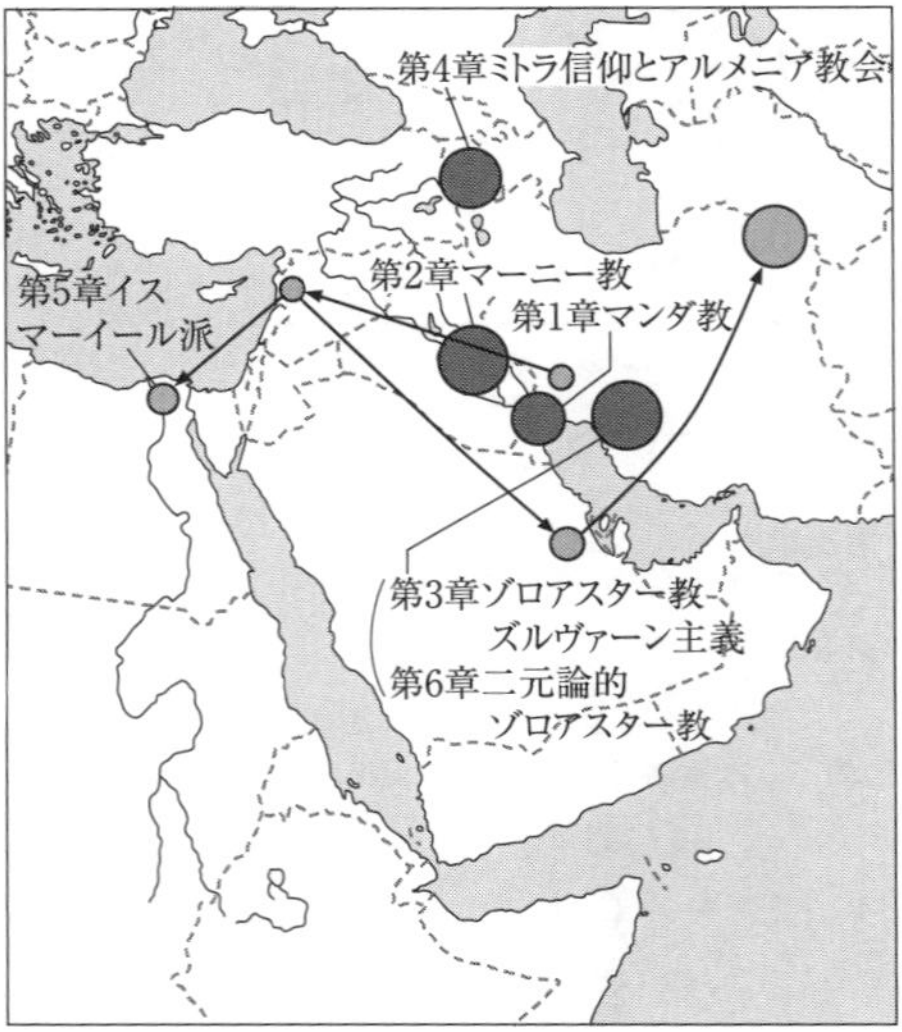

地図２　本書各章が扱う地理的範囲

に統一されて現代にいたる。

すなわち、本書が描くのは、「聖書ストーリー」がパレスティナからメソポタミアへ姿を現す二世紀から、メソポタミアにおける「真のキリスト教」の登場、ゾロアスター教ズルヴァーン主義の成立、ミトラ信仰の衰亡、アルメニアのキリスト教化、イスマーイール派イスラーム運動の興隆と没落を経て、二元論的ゾロアスター教が最終的に「聖書ストーリー」に組み込まれる一三世紀までの東方の宗教思想史である。本書各章が扱う時代区分については図表5を、本書各章が扱う地理区分については地図2を参照していただきたい。

第一章　マンダ教の洗礼主義

——一～二世紀のメソポタミア

1　全聖書ストーリーの否定

東方の思想風土のなかの「聖書ストーリー」

古代末期の東方の思想風土は、何と多くの美しいものを抱えていたことだろうか。人類でもっとも長い文明史を誇り、神話的な思考に慣れた古い民が、「聖書ストーリー」という人類の起源から宇宙の終末までを見通す一貫した物語を手に入れたのである。彼方の世界からの促しの言葉がくりかえし彼らの魂に響き、その余韻のなかから夢見心地の思想が立ち昇る。この頃が、熱砂のメソポタミアと峨々《がが》たるイラン高原が宗教的にもっとも活発になった時代である。

東方における「聖書ストーリー」への最初の反応は、『新約聖書』の成立を待たず、ユダヤ教徒のなかから『旧約聖書』に対して発せられた。後のマンダ教の起こりである。一般に「聖書ストーリー」の内部構造を批判する場合、ユダヤ民族史とイエスの一代記の乖離が問題とされるのだが、マンダ教はユダヤ教徒自らが『旧約聖書』を批判して興った宗派だった。宗教研究上は、キリスト教を前提とせずにグノーシス主義的な思考様式を示した集団として注目されている。

マンダ教の成立(一〜二世紀)

彼らの歴史にかんする史料は、彼ら自身による東アラム語文献しかない。外部資料にはまったく記載がないので、当時にあってはよほどマージナルな集団だったのだろう。それらの内部資料によると、マンダ教徒の祖先は、他のユダヤ教徒たちと同様にパレスティナのヨルダン川流域に住んでいた。しかし、ユダヤ教徒たるものが『旧約聖書』に異議を唱えては、周囲から快く思われるはずがなく、ほどなく内陸シリアのハッラーン(現在のトルコ東南部)へと移住した。多分、周囲のユダヤ教徒との軋轢《あつれき》の故に、移住せざるをえなくなったのだろう。

だが、何らかの理由でそこにも安住できず、さらに東方のメディア山中(現在のイラン高原西部)に逃れ、パルティア王国(紀元前二四七〜紀元後二二四年)のアルダバーン王の保護を求めた。インド・イラン系の宗教伝統のなかにあるパルティア王国でなら、『旧約聖書』をどれほど罵倒しようと自由だったはずであり、マンダ教徒の祖先たちはイラン高原のうえで思う存分に鬱憤を晴らしたはずである。ただ、パルティア王国にはアルダバーンという王が四人は存在しており、果たしてどのアルダバーンに庇護されたのかはわからず、したがって彼らの移住年代も特定しかねる。彼らの東方移住の物語のすべては、神話的な記述の彼方で茫漠としている。

「マンダ教徒」としてのアイデンティティー

『クルアーン』を否定するイスラーム教徒を想定し難いように、『旧約聖書』を否定するユダヤ教徒もありえない。この異端のユダヤ教徒たちは、さらに移動してメソポタミア南部の沼沢地帯に棲み着いた頃から、用いる言語も東アラム語に代わり、ユダヤ教徒としての自覚も失って、東アラム語で「叡智」を意味する「マンダーの教え人（マンダーイェー）」と名乗るようになった。ユダヤ教からの独立である（なお、発音上正確を期せば、マンダー教／マンダー教徒が正しいが、本書では日本での慣用に即してマンダ教／マンダ教徒とする）。

ユダヤ教から分離したことで、彼らのアイデンティティーも完全に変わった。彼らによれば、人類の始祖がアダムであることはもちろんであるが、それを創造したのは下位の造物主と「闇の主」であったため、人類は総体として呪われた存在として誕生した。このため、ユダヤ人の出自としては不思議なことに、彼らのシンパシーは出エジプトの折にユダヤ教徒を迫害したファラオの方に向けられる。彼らの価値観は『旧約聖書』とは真逆をゆき、モーセよりもファラオこそが世の正義を宣《の》べ伝えようとした者であり、彼が出エジプトに際してユダヤ人を取り逃がしたことこそ痛恨の極みであった。取り逃がしていなかったら、マンダ教徒自体生存していないはずなのだが、そこは深く追及してはいけないらしい。

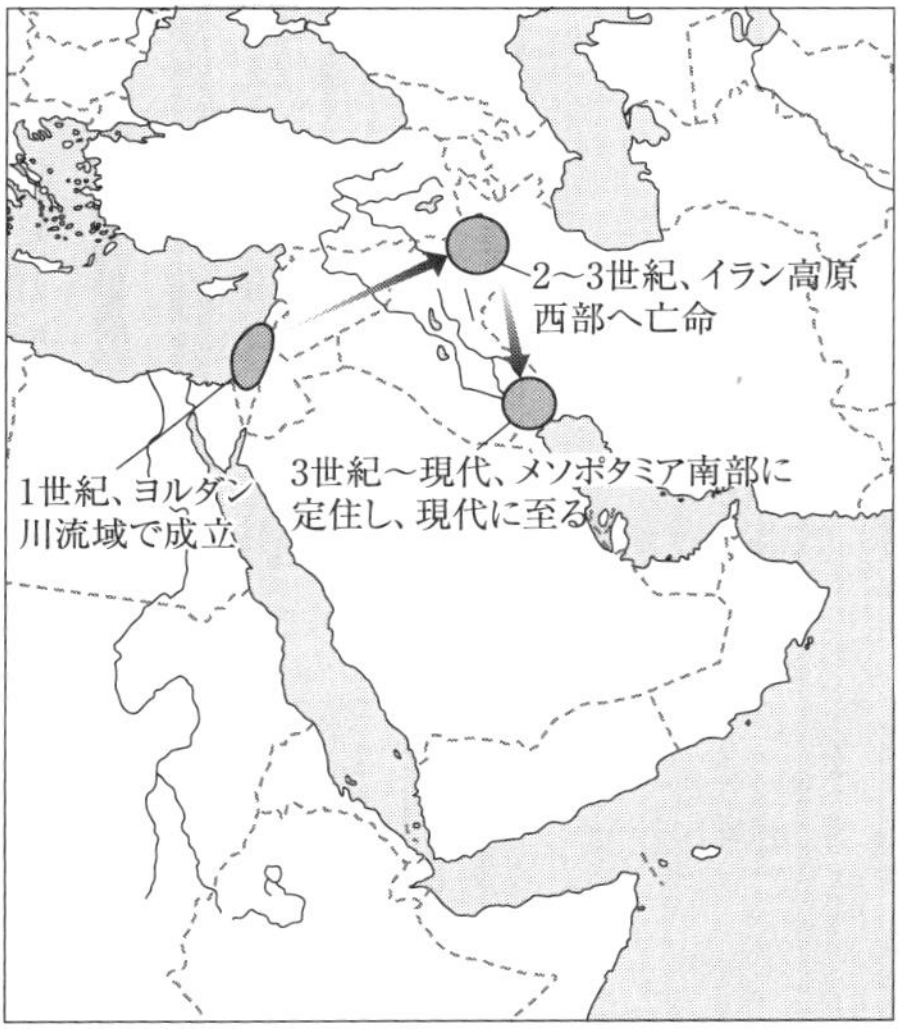
2～3世紀、イラン高原
西部へ亡命
1世紀、ヨルダン
川流域で成立
3世紀～現代、メソポタミア南部に
定住し、現代に至る

地図3　マンダ教徒の移住経路

客観的に見れば、自分たちの先祖を迫害した（とされる）人びとを正義と断言するとは、マンダ教徒たちは倒錯の極みとも思える。彼らのデカダンス的な史観にしたがえば、モーセを追ったファラオこそが人類の叡智を代表するのである。これほど被虐志向のマンダ教であるが、ユダヤ教の主流から分離した後の彼らを保護してくれたアルダバーン王に対しては、篤い感謝の念を持っていたらしく、

ࡀࡁࡀࡂࡀ — Ābāgā

Form	-ā	-ī	-ū	ă-	Trans.	Pronun.	Mystery
ࡀ					a	æ, a, ā	Highest
ࡁ	ࡁࡀ	ࡁࡉ	ࡁࡅ	ࡁ	b	b, β	Father
ࡂ	ࡂࡀ	ࡂࡉ	ࡂࡅ	ࡂ	g	g, γ	Gabriel
ࡃ	ࡃࡀ	ࡃࡉ	ࡃࡅ	ࡃ	d	d, δ	Way
ࡄ	ࡄࡀ	ࡄࡉ	ࡄࡅ	ࡄ	h	h	Life
ࡅ	ࡅࡀ	ࡅࡉ	ࡅࡅ	ࡅ	w, u	o, u, ū, w, v	Alas
ࡆ	ࡆࡀ	ࡆࡉ	ࡆࡅ	ࡆ	z	z	Radiance
ࡇ					ḥ	ī	God's Eye
ࡈ	ࡈࡀ	ࡈࡉ	ࡈࡅ	ࡈ	ṭ	ṭ	Good
ࡉ	ࡉࡀ	ࡉࡉ	ࡉࡅ	ࡉ	y, i	e, i, ī, y	Day
ࡊ	ࡊࡀ	ࡊࡉ	ࡊࡅ	ࡊ	k	k, χ	Truth
ࡋ	ࡋࡀ	ࡋࡉ	ࡋࡅ	ࡋ	l	l	Tongue
ࡌ	ࡌࡀ	ࡌࡉ	ࡌࡅ	ࡌ	m	m	Mind
ࡍ	ࡍࡀ	ࡍࡉ	ࡍࡅ	ࡍ	n	n	Light
ࡎ	ࡎࡀ	ࡎࡉ	ࡎࡅ	ࡎ	s	s	Mother
ࡏ					ʿ	ī (e, i)	Eye
ࡐ	ࡐࡀ	ࡐࡉ	ࡐࡅ	ࡐ	p	p, f	Tree
ࡑ	ࡑࡀ	ࡑࡉ	ࡑࡅ	ࡑ	ṣ	ṣ	Sound
ࡒ	ࡒࡀ	ࡒࡉ	ࡒࡅ	ࡒ	q	q	Cry
ࡓ	ࡓࡀ	ࡓࡉ	ࡓࡅ	ࡓ	r	r	
ࡔ	ࡔࡀ	ࡔࡉ	ࡔࡅ	ࡔ	š	š	Sun
ࡕ	ࡕࡀ	ࡕࡉ	ࡕࡅ	ࡕ	t	t, θ	Penitence
ࡖ					ḏ-	(a)d	
ࡀ					a	a	

図表6　マンダ教文字一覧表

まったく筋が通らないことに、彼らの遠い先祖を迫害したファラオと、近い先祖を保護したアルダバーン王の二人が、彼らの特別の尊敬を集める同列の地上的存在とされている。

　このようにユダヤ教とは正反対のアイデンティティーを確立したマンダ教の最初の指導者は、実在の人物ザザイ・ド・ガワズタであったとされる。彼が『旧約聖書』の神（彼らによれば造物主）に対立する「光の神」の啓示を受けたと称して、『旧約聖書』に対する『マンダ教聖典』を整備し、おそらくはマンダ教文字を発明してそれを書き取らせたものと考えられている。彼の在世年代については確証がないが、彼が開発した（と思われる）マンダ教文字にはエリュマイス王国の碑文やカラケネのコインの文字との共通点が多いので、それらと同じ一～二世紀頃に活躍したものと推測されている。いわば、ザザイはマーニー教におけるマーニー・ハイイェーと同等の知的作業を、彼よりよほど以前に達成したのであり、古代末期東方に出現した――たとえ西方からの移住者であっても――宗教的天才の一人であった。ただ、マンダ教にはマーニー教のように普遍的な世界宗教をめざすという志向がなく、きわめてエスニックな集団に留まったために、彼の名は宗教史上にほとんど現れることなく終わっている。

マンダ教聖典

ここで、少なくとも最初期の編集の段階ではザザイが主導的な役割を担ったと見られるマンダ教聖典を概観しておこう。以下が、現在残されているマンダ語によるマンダ教聖典である。

①『右手のギンザー』……一八編の神学的、宇宙論的、道徳的論文
②『左手のギンザー』……霊魂が光の国へ上昇する際の葬送文
③『ヨハネの書』……ヨハネ、シェム、アノーシュなどに帰せられる三七編の神話
④『コラスター』……儀式の際の讃歌

⑤巻物類（ディーヴァーン）……『デーヴァーン・アバトゥル』『デーヴァーン・ナフラワタ』などは絵入り。『ハラーン・ガワイタ』はマンダ教教団の歴史を扱う

韻文のマンダ教聖典は美しいとされるものの、散文ストーリーの部分は、長い年月をかけて増補されてきただけに、かなり混乱している。後述の研究史に示すように、これらの大部分にはドイツ語訳か英訳があるので、興味のある方はそちらを参照していただきたい。

全「聖書ストーリー」を敵として（三〜七世紀）

こうして、「聖書ストーリー」が興隆しはじめる直前に、『旧約聖書』を否定してユダヤ教徒共同体から離脱したマンダ教徒たちは、以後の歴史において、その続編をことごとく否定せざるをえなくなった。これは、結果的には大流行して周囲に浸透してきた「聖書ストーリー」系の宗教をすべて敵に回すことになってしまい、古代末期としては、はなはだ時宜を失した判断であった。

彼らの見解にしたがえば、『旧約聖書』の預言者モーセは詐欺師であり、その神アドナーイ（マンダ教徒からはこう呼ばれている）は「闇の主」である。「光の神」はそれらを超えた

ところにある未知の存在である。したがって、アドナーイの息子とされるイエスも、当然悪に分類される。こうして彼らは『新約聖書』も、とどのつまりはキリスト教をも否定する立場を採った。

さらに、同じメソポタミアを中心に活動し、しかも同様に『旧約聖書』を否定するマーニー教とは共通点がありそうに思えるのだが、こちらは『新約聖書』とイエスを全面肯定する教えである。残念ながら、『右手のギンザー』第九巻は「マール・マーニーの教団」への反駁に当てられており、マンダ教はマーニー教も敵に回していた。一九六〇年代まで考えられていたような両者の直接の影響関係は、現在では否定されている。

2　「洗礼者ヨハネの教え人」として

洗礼者ヨハネの徒、自称「サービア教徒」へ（七世紀〜）

三世紀に彼らを保護したパルティア王国が滅びるものの、七世紀までは、メソポタミア南部はゾロアスター教を国教とするサーサーン王朝ペルシア帝国の版図に含まれていた。「聖書ストーリー」とは何の関係もない古代インド・イラン系の伝統をひくゾロアスター教徒の支配下では、モーセを詐欺師呼ばわりするのもイエスを冷笑するのも自由であったと思われる。

しかし、七世紀にこの一帯がイスラーム教徒の支配下に入ると、風向きは大いに変わった。彼らは諸宗教を「聖典の民」か否か、つまり『旧約聖書』+『新約聖書』+『クルアーン』という「聖典セット」のうち、どれか一つでも信じるか否かで区分するという教義を有していた。東方もようやく古代末期を脱し、「聖書ストーリー」が排他的に普遍性を主張する中世に突入していたのである。

彼らの下で「聖書ストーリー」の預言者を非難したら、命取りである。マンダ教徒はムハンマドを「ビズバット」の隠語で呪いつつ、「聖書ストーリー」の預言者を崇めていると偽装する必要に迫られた。こうして、「アルダバーン王の子孫」と称するアヌシュ・バル・ダンカという人物がイスラーム教徒たちと交渉し、マンダ教徒は『新約聖書』の洗礼者ヨハネの教えを奉じているとの体裁を整えた。これは意表を突いていると同時に、説得力のある言説でもあった。マンダ教徒はもともとヨルダン川流域にいたユダヤ教徒には間違いなかったから、同じヨルダン川でイエスに洗礼を施したユダヤ教徒であるヨハネを祖と仰ぐのは、まことに理に叶っていた。もちろん、現在のマンダ教教義の分析からは、洗礼者ヨハネを教祖と仰ぐ伝説は後から付加されたものであり、マンダ教にとって不可欠な要素ではないとの結論が出されている。だが、このように「聖書ストーリー」に即した擬態は、マンダ教徒がイスラーム教徒の支配下で生き延びるうえでは非常に有効だった。

さらに、マンダ教徒たちは「洗礼者ヨハネ」の他に、もう一つ予防措置を講じた。『クルアーン』のなかでは、「聖典の民」としてユダヤ教徒やキリスト教徒の他に、「サービア教徒」の名が挙げられている(二章六二節、五章六九節、二二章一七節)。アラビア語の語根から言えば何らかの洗礼主義者を指していると思えるのだが、ムハンマドが具体的に何を意図してこの語を使ったのか不明である。ただ、それだけに、「サービア教徒」の名を借りて存続を図る異教徒は後を絶たず、マンダ教徒も「サービア教徒」と自称するようになった。こうしてイスラーム支配下でのマンダ教徒は、「洗礼者ヨハネの教え人」にして「サービア教徒」としてアイデンティティーを再構築し、辛くも生き延びた。

西方起源か東方起源か

このようにイスラーム教徒との交渉の際に一瞬だけ歴史の舞台に記録されたマンダ教徒は、これ以後はメソポタミア南部の片隅でひっそりと暮らしていたらしく、一二九〇年にドミニコ会の修道士リコルド・ダ・モンテ・ディ・クローチェに「発見」されるまで記録に現れなくなる。但し、この「発見」を記したラテン語報告書が「発見」されるのが一九四九年なので、マンダ教の名がヨーロッパで一般に認知されるのは、他の旅行者たちの報告が公表される一九世紀後半までずれ込んだ。

一旦、「洗礼者ヨハネの教え人」が生き残っているらしいとの情報が明らかになると、二〇世紀初頭のドイツの新約聖書学者たちが色めきたった。彼らの偽装を真に受け、マンダ教徒は洗礼者ヨハネの事績を明らかにする「生きた化石」と考えられたためである。ゲッティンゲン大学のセム学教授マーク・リツバルスキー（一八六八〜一九二八年）は、マンダ語・マンダ教文字を読み解いたうえで、当時までにヨーロッパに齎《もたら》されていたマンダ教文献『ヨハネの書』（Lidzbarski, *Das Johannesbuch der Mandäer*,1905-15）、『儀式書』（Lidzbarski, *Mandäische Liturgien*,1920）、『ギンザー』（Lidzbarski, *Ginzā: Der Schatz oder das große Buch der Mandäer*,1925）をあいついでドイツ語訳し、以後のマンダ教研究の基礎を築いた。このうち『ギンザー』については、新約聖書学者である大貫隆氏によるドイツ語訳からの重訳が刊行されており、日本語でも容易に参照できる（大貫隆『グノーシスの神話』、一九九九年、一八一〜二三五頁）。

ただ、一九二〇年代にはマンダ教の歴史を明らかにする『ハラーン・ガワイタ』は知られておらず、本当にパレスティナからメソポタミア南部に移住した西方起源の集団なのか、実際にはメソポタミアで成立した東方起源の集団なのかが争点になった。後者だとしたら、マンダ教は『新約聖書』の起源とは何の関係もないメソポタミアの宗教になるので、一九三〇年代には新約聖書学者のマンダ教フィーバーは徐々に冷めていった。

而して、イギリスのイラク駐在官の妻として一九二一〜四六年の長きにわたってバグダードに滞在したエテル・ドローワー夫人（一八七九〜一九七二年）が、現地で熱心にマンダ教徒の観察記録を作成し（Drower, *The Mandaeans of Iraq and Iran: their cults, customs, magic, legends, and folklore*, 1937; "The Mandaeans Today," 1938-39）、新出文献として『ハラーン・ガワイタ』（Drower, *The Haran Gawaita and the baptism of Hibil Ziwa: the Mandaic text reproduced, together with translation, notes and commentary*,1953）や『コラスター』（Drower, *Mandaeans. Liturgy and ritual: the Canonical Prayerbook of the Mandaeans*,1959）を入手して英訳したので、一九五〇年代を境に状況はふたたび変わった。特に『ハラーン・ガワイタ』写本の出現によって、マンダ教徒はヨルダン川周辺に住んでいた元ユダヤ教徒であり、『旧約聖書』を否定したためにメソポタミア南部へ「出パレスティナ」したことが確認されたのである。

これらの新出史料を駆使した結果、一九六〇年代以降、ライプツィヒ大学のクルト・ルドルフ（一九二九年〜）の主導下で、マンダ教研究もようやく安定期に入った（Rudolph, *Mandaeism*,1978, クルト・ルドルフ『グノーシス』二〇〇一年）。マンダ教徒は本人たちの伝説通り、パレスティナからメソポタミアへ移住してきた西方起源の集団であった。しかし、

「洗礼者ヨハネの教え人」というのは歴史上やむをえない偽装で、実際には『旧約聖書』を否定して東方へ逃れた元ユダヤ教徒の洗礼集団である。現在では、現代まで生き延びた唯一のグノーシス主義的宗教としての評価が定着している。

3　光と闇の対立と洗礼儀式

「光の世界」対「闇の世界」

マンダ教の宇宙論の根底には、「聖書ストーリー」の価値観を逆転させ、原初の状態においては「光の世界」と「闇の世界」が対立していたとするグノーシス主義的な神話がある。マンダ教によれば、前者の中心は「偉大なる生命（ハイイェー・ルベー）」で、それを囲繞《いにょう》して無数の「豊饒さ（ウトレー）」たちが祈禱をおこなっている。マンダ教の神聖地図にしたがえば、この光たちのあいだを天界のヨルダン川が流れて、そのまま地上のヨルダン川につながっているとされる。彼らが日常的におこなう洗礼儀式において、特にヨルダン川での沐浴が重視される根拠がこれである。

やがて天界では、「偉大なる生命」から順にヨーシャミーン、アバトゥル、プタヒルと呼ばれる三段階の流出がはじまるという。順番に三柱の神々が出現したらしく、『旧約聖書』の「あれ」と云ったら一瞬にして無から世界が湧出したという世界観にくらべると、随分のどかな過程を踏んでいる。ちなみに、最後のプタヒルの名称は、エジプト神話の「職人の神」から借用したらしい。他方、「闇の世界」の中心は「闇の主アドナーイ」で、女悪魔ルーハー、七惑星、黄道一二宮、および無数の怪物たちがそれに属していたとされる。こちらの世界の方には、あまり秩序だった構成はないようである。

あるとき、「光の世界」の最下位にいるプタヒルが、自らを造物主だと錯覚し、しかも「闇の世界」に属するルーハーと七惑星、黄道一二宮の助けを借りて、「この世界（ティビル）」を創造した。これが、我々が現在棲んでいるこの世界の起こりである。ヨーシャミーンとアバトゥルはこのときに何の活躍もせず、ただいるだけなので、伝承に欠落があるような気がするが、定かではない。

ただ、プタヒルは悪なる物質から最初の人間アダムを創造したものの、どうしてもこれを起動させることができない。そこで、動力源として「光の世界」に由来する「内なるアダム＝霊魂（アダカス）」を入れてみたところ、アダムは悪なる物質と光の霊魂の二重性を帯びた存在として一気に目覚めた。こうしてアダムは、光と闇が交錯する地点で人間意識を得て、この世界に誕生することになった。ちなみに、こんなものを創ったプタヒルは

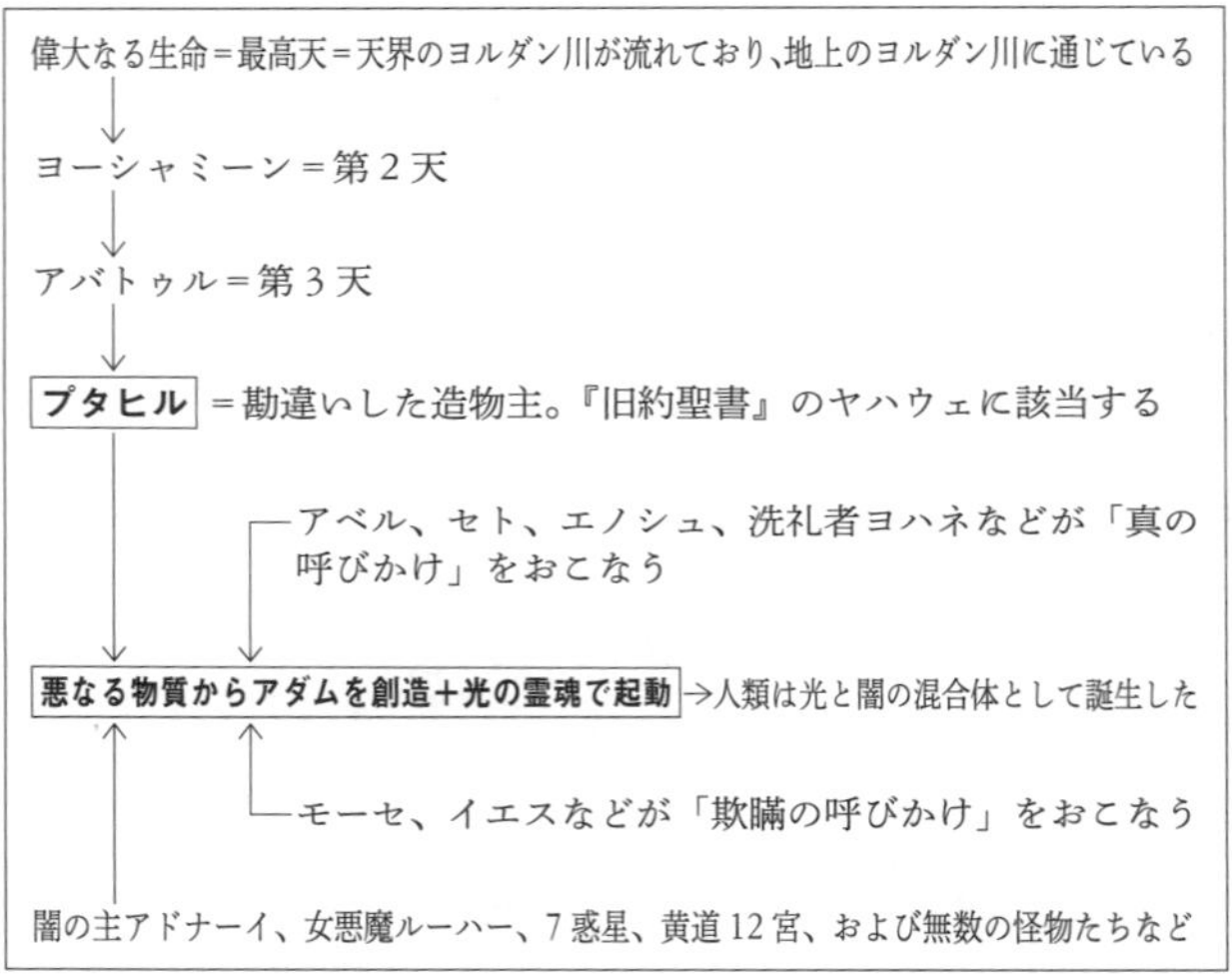

偉大なる生命＝最高天＝天界のヨルダン川が流れており、地上のヨルダン川に通じている
ヨーシャミーン＝第2天
アバトゥル＝第3天
プタヒル ＝勘違いした造物主。『旧約聖書』のヤハウェに該当する
アベル、セト、エノシュ、洗礼者ヨハネなどが「真の呼びかけ」をおこなう
悪なる物質からアダムを創造＋光の霊魂で起動 →人類は光と闇の混合体として誕生した
モーセ、イエスなどが「欺瞞の呼びかけ」をおこなう
闇の主アドナーイ、女悪魔ルーハー、7惑星、黄道12宮、および無数の怪物たちなど

図表7　マンダ教の宇宙論

「光の世界」の最高存在である「偉大なる生命」から咎められ、帰還できなくなってしまう。

　このマンダ教創世記を『旧約聖書』に即して理解するとしたら、プタヒルが造物主に当たる。彼は辛うじて「光の世界」の一員ではあるものの、最高神でも唯一神でもなく、ただ自ら思い上がってそう勘違いし、うっかり世界を創造してしまった下位の存在に過ぎない。しかも、悪なる物質を用いて世界を創造したために、最初の人間アダムのなかでは光と闇が混合してしまい、本人が禁断の林檎を食べて原罪を犯すまでもなく、人間は自動的に呪われた存在として生まれることになった。この故に、マンダ教においてはプタヒルは崇拝するに足らず、彼を最高神と誤解して信奉しているユダヤ教徒たちと彼らの聖典『旧約聖書』の過誤は糺《ただ》されるべきだと考えられている。

終末の日と霊魂の救済

以後の人類史は、悪なる物質のなかに囚われてしまった「内なるアダム＝霊魂」の救済に費やされる。このために、「偉大なる生命」は、「生命の叡智（マンダー・ド・ハイイェー）」の「呼びかけ」をおこなう使者として、アベル、セト、エノシュ、洗礼者ヨハネなど（要するに「聖書ストーリー」の脇役たち）を送り込んだものの、「闇の主」の方も負けてはおらず、詐欺師モーセや偽救世主イエスなど（要するに「聖書ストーリー」の主役たち）を送り込んで対抗し、容易に決着がつかなかった。つまり、『旧約聖書』や『新約聖書』に記された主要なメッセージはことごとく「闇の主アドナーイ」の教えであり、それに騙されたユダヤ教徒、キリスト教徒（そしておそらくマーニー教徒やイスラーム教徒も）は、自分の真の存在に覚醒しない「迷える仔羊」なのである。

そんななか、運良く「叡智（マンダー）」を得て覚醒したマンダ教徒にとっては、死は霊魂が物質から解放される最高の歓びである。怠らずにヨルダン川での洗礼に励み、自らの死に対して万全の準備を整えていた霊魂は、悪なる霊魂たちの妨害工作を乗り越えて第三天にいるアバトゥルのもとに到達する。全然活躍していなかったアバトゥルが、個人の終末論でやっと役をもらって登場するのである。彼の審判に無事に合格すると、個人の死後の霊魂は、無事に「光の世界」に辿り着くことができる。

そして、この個々人の終末を超えたところに「終末の日」が想定される。この日には、エノシュと「生命の叡智」がエルサレムに出現して、偽救世主イエスと対決する。そして、彼の言説の欺瞞性を暴露し、悪なる物質や惑星たちは地獄に堕ちて、世界は浄化されるという。

「聖なる川」での洗礼儀式

しかし、すべての終末論的宗教の悩みの種であるように、マンダ教的終末もそう都合よくすぐに到来してはくれなかった。そこで、マンダ教団が濁世を生き延びるべく採った手段が、洗礼儀式である。彼らの信仰によれば、すべての川は「ヨルダン川」すなわち、天界の「生ける川」から流れ出ているので、それを自覚した者としては、毎週日曜日に白装束でそこに浸かって罪を洗い流し、さらには「光の世界」と交信しなくてはならない。何故、ヨルダン川がそれほど重要視されるのかは理解に苦しむところであるが、紀元前後の時期にヨルダン川流域のユダヤ教徒たちがおこなっていた洗礼主義が、マンダ教神話のなかに継承されて現代まで生き残ったのだと思われる。

ちなみに、本人たちはヨルダン川の流域に永住していたかったのだろうが、前述のように周囲のユダヤ教徒たちに白眼視されたらしく、各地を転々と彷徨《さまよ》った挙句にティグリス・ユーフラテス川の下流域に住み着いた。大河流域という意味ではまずまずの選択ではあったが、客観的にはこれがヨルダン川でないことは自明である。しかし、彼らは目で見たものよりも自分の信念の方に忠実な性格だったようで、それを「ヤルドナ川（マンダ語でヨルダン川の意）」と呼びつづけ、さかのぼれば天涯に至る聖なる川として尊重している。

写真１　現代のマンダ教徒（写真提供：AP／アフロ）

現代のマンダ教徒

約二〇〇〇年のあいだ、マンダ教徒は特異な宗教思想をメソポタミア南部で守り通してきた。彼らと系統を同じくするグノーシス主義的宗教がことごとく滅んだのにくらべると、彼らの存在の貴重さに気づく。もっとも、宗教史上の絶滅危惧種として、トキやパンダのような貴重さであるが。

しかし、メソポタミア南部は、二〇世紀後半以降の四半世紀のあいだに、イラン・イラク戦争（一九八〇～八八年）、湾岸戦争（一九九〇～九一年）、イラク戦争（二〇〇三年）という三つの激しい戦争を経験した。当然ながら、マンダ教徒たちも戦禍を免れず、特に故郷が直接の戦場となったイラク戦争に際しては、先祖代々守り通してきたマンダ教寺院や洗礼施設を放棄して、他郷や他国へと脱出せざるをえなくなった。

現代のイラクにおけるマンダ教徒の正確な人数を知る術はない。しかし、概算では、一九七〇年代には一万五〇〇〇人程度が確認された人口の大半はあいつぐ戦災のために原住地を引き払い、隣国イランに逃れてフーゼスターン州のカールーン川流域で新たなマンダ教コミュニティーを形成するか、イラク国内のバグダードやバスラなどの大都市に移住し、その代償として先祖代々の洗礼儀礼を放棄したとみられている。集団として確認される以上二つの他、個々人としてヨーロッパやオーストラリアへ逃れたケースも確認されているものの、残念ながらそれらを正確に把握することは不可能である。

ただ、イランのフーゼスターン州には、二〇〇七年のアメリカ合衆国政府の試算では五〇〇〇～一万人のマンダ教徒が居住しているとされ、州都アフヴァーズにはマンダ教センターが設置されて、マンダ教文化とマンダ語の保存に当たっている。おそらく、今ごろはカールーン川を指して、「これこそ第三のヤルドナ川なり」と信じ、洗礼儀式をおこなっているのではあるまいか。ここが、現在機能している唯一のマンダ教の宗教的中心である。

第二章　マーニー教のイエス中心主義
――三世紀のメソポタミア

1　マーニー・ハイイェー――メソポタミアが育んだ宗教思想

イエス・セントリックな時代思潮

マーニー教は、マンダ教徒たちが最終的に定住したメソポタミア南部よりティグリス川を北へ三〇〇キロほどさかのぼったメソポタミア中部において、マンダ教に一〇〇年ほど遅れた三世紀前半に誕生した「聖書ストーリー」系の宗教である。三世紀といえば、パレスティナからシリアを経て流入した「聖書ストーリー」が、それまではインド・イラン系の宗教やアラム人の信仰が主流だったメソポタミア平原を、洪水のように浸しはじめていた時期に当たる。地図4をご覧いただけるとわかるように、三世紀の段階では「聖書ストーリー」が伝播した東限の地が、このメソポタミアであった。これが、マーニー教が成立する直前の状況である。

この当時の「聖書ストーリー」は、『旧約聖書』と『新約聖書』の二部構成であった。両者を結びつける結節点として機能しているのが、「神の一人子」でありながら、自ら「犠牲の仔羊」となって十字架上で屠《ほふ》られ、人類すべての罪を贖った（とされる）イエス

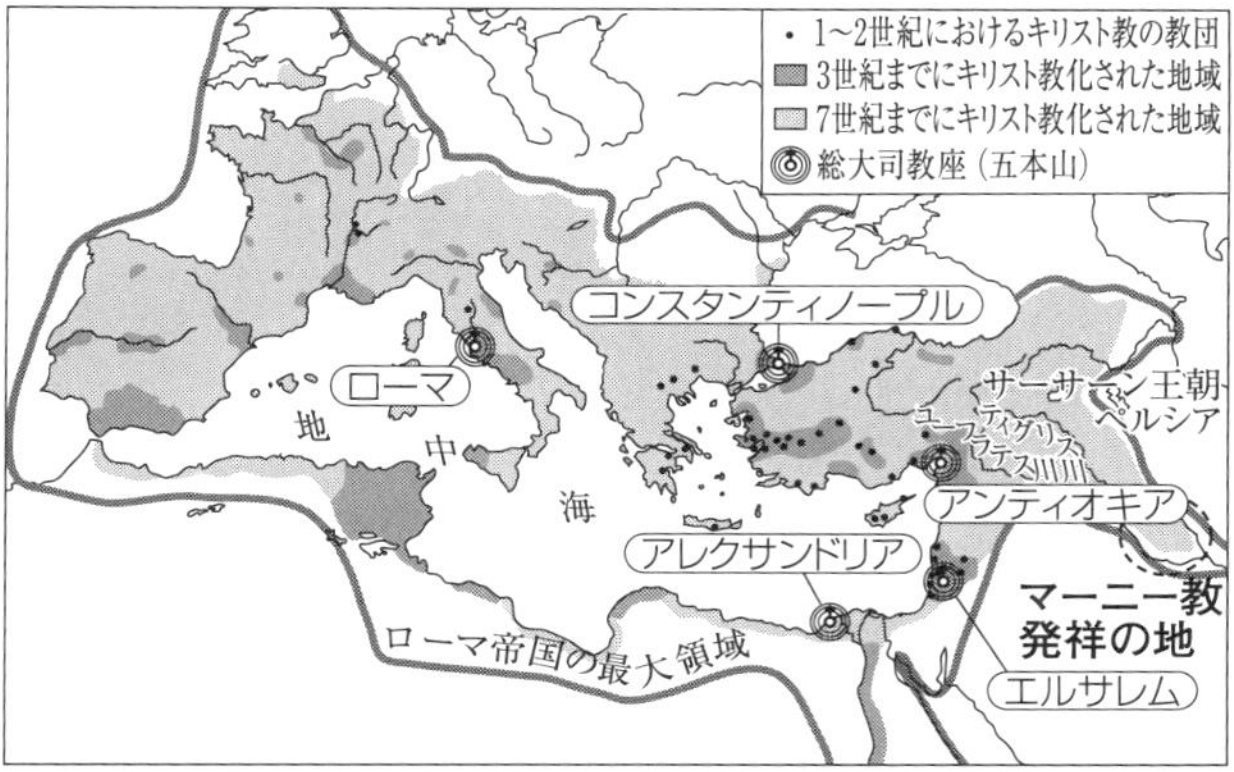

地図４　初期キリスト教の伝道（東方のメソポタミアへの伝道に注目）

である。今や「西方から」赫奕《かくやく》として立ち昇るイエス像が、東方の人びとのあいだでも天と地を結び、神話と現実を結ぶ象徴となった。

彼らは、突如として伝統的なバビロニアの占星術もパルティア王国のインド・イラン的信仰も「異教」として忘れ果て、代わりにイエスをめぐる議論に熱狂した。誰もがイエスの十字架磔刑の経緯を「事実として」知っている。しかし、そこに秘められた「宗教的意義」は、まだ解明されていない。イエスとは何者で、使徒は何を語ったのか？　こうして、ひとえに「聖書ストーリー」に占める位置づけのゆえに、イエスの物語が三世紀以降の東方の宗教思想におけるハブの役割を果たすことになった。

そんなイエス・セントリックな三世紀のメソポタミアの雰囲気のなかから、マーニー・ハイ

地図5　マーニー関連メソポタミア地図

イェー（二一六〜二七七年）が立ち現れる。彼は、イラン系のパルティア王家の血統を引く（とされる）ものの、幼少期からユダヤ・キリスト教系の洗礼教団に属し、そのなかで「聖書ストーリー」に親炙《しんしゃ》した人物である。彼の出身母体が、ユダヤ教の聖法とイエスの救世主性を同時に承認するタイプのエルカサイ教団であることからも推測されるように、地中海世界に伝わっていた「キリスト教」とはまったく別種のメソポタミア的な「キリスト教」が彼を育んだ土壌である。

やがて、彼は「イエスの遺志を継ぐ者」との霊感の下、メソポタミア風の「聖書ストーリー」に独自の解釈を付け加え、イエスの弟ヤコブが教えを説いたエルサレムでも、ペテロが殉教したローマでも、パウロが回心したダマスカスへの途上でもなく、なぜかサーサーン王朝ペルシア帝国の首都クテスィフォンで「真のキリスト教」を開教する。もとより、これを「キリスト教」と呼ぶことを肯《がえ》んじない地中海世界の原始教会は「マーニー教」との蔑称をもって呼んでおり、後の歴史的展開のうえではマーニーが創出した「真のキリスト教」は原始教会／カトリック教会に敗れ去ったので、後者の呼称が定着した。本書でも、自称に反して他称を用い、これを「マーニー教」として話を進めていきたい。

使徒パウロを模範として

マーニーの自意識は複雑で、経年変化しているようである。最初に名著『マーニー教キリスト論』(Rose, *Die manichäische Christologie*, 1979, 原著脱稿は一九四一年）を著したオイゲン・ローゼが正しく指摘したように、若かった頃はイエスと同等の「神の預言者」というより、一段下がってパウロに範を取った「イエス・キリストの使徒」としての活動をめざしていたと考えられている。ローゼ以後に発見されたギリシア語文献におけるマーニーの言葉としても、

> 私、マーニーは、真実の父である神の意思によって、イエス・キリストの使徒である。私は彼から生まれた。……（中略）……私は彼の意思に従っており、全ての真実であるものは、彼から私に明かされた。（『ケルン・マーニー・コーデックス』六五〜六七頁）

と伝わり、ローゼの指摘の正確さを実証した。この「異邦人に福音の恵みを宣教したパウロを模範とするイエス・キリストの使徒」としての自己規定は、『マーニーの書簡』（残念ながら、東アラム語原文ではなく、コプト語訳でしか伝存していない）のほとんどが、『パウロ書簡』を模倣して、「マーニー、イエス・キリストの使徒」とのフレーズではじまる点からもうかがえる。

マーニーにとってパウロは、アダム、セト、エノシュ、シェム、エノクに等しい真理の啓示者であった。しかも、マーニーの考えでは、彼らは天使的存在を介して真理を受け取ったのに対し、パウロはイエス本人から直接に真理を啓示されている。出発点でのマーニーは、「聖書ストーリー」のなかでも特に『新約聖書』を、そのなかでも『パウロ書簡』を理想としていたのではないかという推定には、充分な根拠がある。そして、この推定は、幾重にも変化して正体を捉えがたいマーニー教の核心部分であるマーニーの原思想は、使徒パウロのキリスト論ではないかとの推測にもつながった（Böhlig, "Zur Religionsgeschichtlichen Einordnung des Manichäismus," 1989; Gardner, "Towards an Understanding of Mani's Religious Development and the Archaeology of Manichaean Identity," 2010）。

「何人のキリストを造るお積りか?」

このように、当初はイエスの教えの伝道者、パウロに学ぶ者との自己規定を持っていたマーニーであったが、彼の思想が発展するにつれて、パウロからの影響を示す術語は後退してゆく。代わりに、イエスに対する思索が深められ、『新約聖書』に描かれた「地上のイエス」の背後に、「天上界の輝けるイエス」「十字架上の受難で苦しむイエス」「審判の日に降臨する裁きのイエス」「月としてのイエス」などをつぎつぎに想定し、とどのつまりは何人のイエスが存在するのか、マーニー教徒でさえ戸惑うほどのレベルにまで重層的なイエス論を構築していった。その数は、研究者の数え方によって差はあるものの、ローゼにしたがえば六つを下らない。どんなに少なく見積もる研究者でも、マーニー教のなかに最低三人は異なるイエス像を見出している（Franzmann, *Jesus in the Manichaean Writings*, 2003, p. 8)。

マーニー教からキリスト教に改宗した五世紀のヒッポのキリスト教司教アウグスティヌス（四三〇年没）が、論敵であるマーニー教聖職者ファウストゥスに対して、

「それで、一体、あなたは何人のキリストを造るお積りか?」（アウグスティヌス『ファウストゥス駁論』二〇—一一）

と皮肉を込めて問うたのは、まったく正鵠《せいこく》を射た質問だったのである。

この「遍在するイエス像」の理解は、非マーニー教徒にとってはきわめて難しいものとなっている。マーニー教には、一般にグノーシス主義的と言われる神話構造がある。そして、マーニーは、別々の役割を担っている神話の主要登場人物に、イエスの名をつぎつぎに当てはめていくのである。何故、別々の役割に対して一律にイエスの名前を奉らねばならないのかは不明だが、マーニーには「聖なるものは押《お》し並《な》べてイエス由来であるべきだ」というキリスト教風の確固たる信念があったらしい。

これを客観的に見た場合、一方には、ゲオ・ヴィデングレン（Widengren, *Der Manichäismus*, 1977）やルートヴィヒ・ケネン（Koenen, "Wie Dualistisch ist Manis Dualismus?" 1990）のように、マーニー教にとって重要なのは神話構造の方であり、そこに登場する名称には二次的な意味しかないとする評価がある。他方、ローゼやアレクザンダー・ベーリヒ（Böhlig, "Zur Religionsgeschichtlichen Einordnung des Manichäismus," 1989）のように、パウロにならったイエス論こそがマーニー教のコアであり、神話構造はイエス論に沿って後発的に導入されたとの解釈もありうる。筆者からすると、思想形成上の前後関係の解明は不可能であるが、遍在して一人何役もこなし、しかもそれぞれの役柄のあいだの整合性があまり取れていない点において、マーニー教におけるイエスはヒンドゥー教におけるシヴァ神に近い印象がある。無論、イエスへの過度の愛着がマーニー教の骨子を形成したという意味では、ローゼやベーリヒに賛成したい気がする。

2　マーニー教の神話構造

天上界で生起した人間捕囚のドラマ

では、その重層的なイエス像とは、具体的にどのような内容であろうか？　マーニー教は、マンダ教と同じく『旧約聖書』を否定するので、アダムの原罪はありえない。マーニー教神話にしたがえば、世界の原初はエデンの園の楽園追放ではなく、「光の父」から派遣された原人が、闇の種族との戦闘に敗れて捕囚された敗北の瞬間からはじまる。その後、「光の父」は原人を救出するために「生ける精神」を遣わして闇の種族と戦い、首尾よく宇宙を創造して闇全体の封印に成功する。しかし、闇の種族はアダムとイヴを反対創造し、そのなかに捕虜にした光の要素を逆封印した。こうして光の要素は人間の肉体に捕囚され、本来の故郷を見失ったまま増殖して、闇の種族とともに暗黒のなかを彷徨うべく運命づけられている。……ここまでが、グノーシス主義的な「天上界で生起した人間捕囚のドラマ」である。

而して、このような神話構造を採る場合、忘却された「天上界のドラマ」を地上に伝え、「人間存在の真意」を人類すべてに明かすグノーシスを齎す存在が不可欠である。そのためには、特別に選ばれて「天上界のドラマ」を洞察する能力を具えた使徒たちが欠かせない。捕囚されたままの人間が「眠った旧人」なのに対し、使徒からの啓示を受けて真の自己に気づいた人間だけが「覚醒した新人」に進化できるのである（Pedersen, "Early Manichaean Christology, Primarily in Western Sources," 1988）。例えばマンダ教では、アベル、セト、エノシュ、洗礼者ヨハネなど、「聖書ストーリー」の脇役がその役割を担うとされた。マーニー教では、『旧約聖書』のモーセなどを否認して、代わりにザラスシュトラ、仏陀、イエスなどが使徒たちであるとされている。

「天上界の輝けるイエス」

このような思考経路のうえに発展してきたマーニー教使徒論は、『旧約聖書』を否定し、『新約聖書』だけを容認する点で、地中海世界に拡大しつつあった原始教会と最初の齟齬《そご》を来している。そのうえさらに、マーニー教は個々の地上的使徒たち以前に、天上界と地上を結ぶ天上的な使徒を想定する点で、決定的に原始教会から離れる。いわば、「光の父」のメッセージを一旦配電盤（唯一の天上的使徒）に集め、そこから個々の照明器具（地上的使徒たち）に供給して人類全体を照らし出すという構図を採るのである。その天上的使徒は、天上界にあっては「光の父」（または「第三の使者」）から生まれた者であり、地上界に降臨してはマーニーを含む地上的使徒たちにメッセージを伝える者とされる。そして、マーニーによれば、その天上的使徒こそ、地上に出現したイエスを超えて永遠に存在している「天上界の輝けるイエス」なのである。

当時の地中海世界のキリスト教のあいだでは、処女マリアから生まれ、地上で二年ほど宣教し、十字架磔刑によって処刑された実在の「ナザレのイエス」しか問題とされていなかったはずである。しかし、マーニーのメソポタミア的バックグラウンドの根幹をなすエルカサイ教団の教義では、超越的なイエスが八つの周期に分かれて八人の使徒の肉体のなかに具現化するとされていたらしい。その八人の最初がアダムであり、最終的に「イエスがイエスになる」のが、第八の周期のイエス・キリストである。おそらくマーニーはこれにヒントを得て、且つ自分自身の神秘的直観にしたがって、「地上の使徒イエス」を含むすべての使徒たちのうえに君臨する超越的な「天上界の輝けるイエス」を想定したのだと思われる。それによって、自分の直前の使徒でもあり、且つ自分に啓示を下してもくれるイエス像を設定したわけで、いわば使徒マーニーの周囲には、頭上にも直前にも主たるイエスが神々しく遍在していることになる。「イエス・キリストの使徒」を自任するマーニーは、この光景の劇的な効果のほどに満足だったにちがいない。

ただ、事態が紛糾するのは、この「天上界の輝けるイエス」が、ザラスシュトラや仏陀のみならず、「地上の使徒イエス」本人およびマーニーに啓示を下す役割を担う点である。エルカサイ派では、八人の周期の使徒論がイエスで打ち止めになるから、超越的な使徒がそのまま最終使徒と合体して何の問題もなかったのだが、マーニー教の場合は「地上の使徒イエス」の後にマーニー本人がつづく。使徒の位格論としては、マーニーが「天上界の輝けるイエス」からグノーシスを啓示されていることを考慮すれば、彼は口移しでイエスの言葉を伝える「イエス・キリストの使徒」に過ぎない。しかし、現実の預言者としては、マーニーは「地上の使徒イエス」を上回る最終メッセージを伝えるのだから、明らかに彼より格上の存在でなくてはならない。

この矛盾は、マーニーが当初はイエスより一段下のパウロの模倣という意識から出発したのに対し、次第に自らの啓示を「地上の使徒イエス」を超えるものと感じ、「預言者の封印」と名乗って自分自身を格上げしたために生じたものと思われる。そして、このマーニーの自意識の発展から生じた二重のイエス像は、地中海世界のキリスト教とメソポタミアのマーニー教こと「真のキリスト教」が対立する最大の争点になった。

マーニー教徒たちの主観に立つならば、「地上の使徒イエス」は「天上界の輝けるイエス」の言葉を正確に伝えたのだが、ペテロたち一二使徒がそれを歪めたが故に、宣教に失敗したのである。ここに、マーニー教の側で原始教会を否定する根拠が生まれる。そして、いわば予定されていなかったピンチヒッターとしてマーニーが出現せざるをえず、彼はほとんど代役という立場にもかかわらず、「最終預言者」として見事に「天上界の輝けるイエス」の言葉を伝道した。しかし、マーニー自身は「天上界の輝けるイエス」よりは下位の存在なので、彼の説いた教えは「マーニー教」ではなく「真のキリスト教」と名乗る資格がある……と、こういう理屈になる。もちろん、原始教会からしてみれば、『新約聖書』にはマーニーが使徒であるとも、天上界には使徒イエスと一心同体の別のイエスがいるとも書かれていないのだから、このようなイエス論は完全にマーニーの妄想であったのだが。

この地中海世界を中心とした原始教会の「キリスト教」認識と、メソポタミアを中心としたマーニー教の「キリスト教」認識の相違が、結果的には「聖書ストーリー」の東西における受容の差となって現れ、後には原始教会とマーニー教の激烈な闘争の発端ともなった。以下の図表8では、両者の差異を整理してみよう。

【メソポタミア＝マーニーの認識】
2～3世紀にメソポタミアへ進出したユダヤ・キリスト教系の洗礼教団が土壌となった
⇒マーニーの教えでは、彼らはイエスを中心とした教義を信仰している
⇒したがって、彼らの自意識では「真のキリスト教」と名乗る資格がある
↓

真のキリスト教とは？
メソポタミアのシリア語文化圏と
地中海世界のギリシア語文化圏で認識に相違

↑
【地中海世界＝原始教会の認識】
『旧約聖書』と『新約聖書』に即した原始教会こそ「キリスト教」を名乗る資格がある
⇒外部から見れば、マーニーの教えはマーニーが独自に考案した教義である
⇒したがって、原始教会は彼らを「真のキリスト教」とは認めず、「マーニー教」と他称した

図表8　メソポタミアと地中海世界での「キリスト教」認識の差

「地上の使徒イエス」

つぎにマーニーのイエス論に出現するのは、「地上の使徒イエス」である。しかし、マーニー教の観点からすると、『新約聖書』や原始キリスト教教会の教えは「地上の使徒イエス」の実像を正確に伝えているとは言い難い。

まず、マリアの処女受胎が間違いである。それも、「処女」ではなく「受胎」の方に誤りがある。マーニーの教えによれば、「天上界の輝けるイエス」が地上に降り立った聖なる「使徒イエス」が、汚れた人間の女の子宮から誕生するはずがない。「使徒イエス」は、天上にある光の世界から闇の種族が造った地上に降

臨する途中で、戦闘服を装着し直すようにして、「光の父」から受け継いだ光のオーラから成人男性の肉体へとメタモルフォースしたに過ぎない。すなわち、地上の使徒イエスは天上界に起源をもっており、肉体は地上に具現化する際に有用だったために纏《まと》った仮の姿である。当然、馬小屋での出産、東方の三博士の来訪などのクリスマス物語は、マーニー教では否認の対象である。

これにつづくイエスの事績にかんしては、マーニー教文献と『新約聖書』はほぼ共通している。断食と悪魔の誘惑、重い皮膚病患者の治癒、マグダラのマリアとの出会いなどで、これらはマーニー本人の宣教の指針ともなり、マーニー教文献『ケルン・マーニー・コーデックス』や『ケファライア』におけるマーニー伝のベースともなった。しかし、マーニーは『新約聖書』のすべてを受け入れたわけではない。マーニー教の教義によれば、聖なる光の存在が降誕したイエスが、闇の種族の教えであるユダヤ教の慣例にしたがって割礼を施したり、洗礼を受けたりするはずがないのである（ちなみに、この洗礼の否定の故に、マーニー教は第一章で述べたマンダ教を不倶戴天の敵に回してしまったと思われる）。

これだけ聞けば、マーニーは『新約聖書』を自説に都合の良い部分だけ取捨選択したようにも感じられる。しかし、マーニー教にはマーニー教なりの、二元論に根差した論拠が

写真2　サンクト・ペテルブルク博物館所蔵の高昌出土のマーニー像

あった。

アウグスティヌスの論敵だったマーニー教聖職者フェリックスが述べているように、原始教会の宣教の通り神が全能であるとすれば、この世が不完全であるはずがなく、「天上の輝けるイエス」が悪と戦う使命を負って地上に降臨する必要はまったくなかっただろう。だが、現実にイエスが出現しているということは、地上に棲息する何らかの悪の故に、光の神と人類の通信手段が途絶し、神の子自ら舞い降りざるをえないという非常事態に立ち至ったのである。これが、イエス降臨の意義を理解するうえで、善悪二元論が欠かせない理論的根拠である。

そして、マーニーの考えによれば、その悪とは物質を創造した闇の種族を指し、彼らから遣わされたモーセ以下の預言者の啓示にしたがう人びとが、『旧約聖書』を墨守するユダヤ教徒である。イエスがユダヤ教の儀礼を実践したとの『新約聖書』の記述が、これらユダヤ教徒たちの欺瞞であることは、少なくともマーニー教徒にとっては自明であった。

「十字架上の受難で苦しむイエス」

イエスの実人生のうえでの小事件はかなり強引に無視したものの、いかにマーニーといえども十字架上の受難を否定するわけにはいかなかった。軽々に否定し去るにしては、二世紀のあいだにあまりにも多くの救済論的な意義がそこに付与されていたのである。だが、マーニー教本来の教義においては、地上のイエスは天上のイエスが仮に現れた存在で、そもそも肉体を持たない。これでは、たとえ本人が苦しみたくとも苦しんでみようがない状況なのだが、イエスのこととなると異常にフレキシブルになるマーニーは、パラドクシカルな讃歌を詠んでこの状況を解説している。

例えば、マーニー教コプト語讃歌一九一（Allberry, *A Manichaean Psalm-Book*, Part2, 1938）には、以下のようにある。

アーメン、私（イエス）は捕えられた。アーメン、しかし私は捕えられてはいない
アーメン、私は裁かれた。アーメン、しかし私は裁かれてはいない
アーメン、私は十字架刑に処された。
　　アーメン、しかし私は十字架刑に処されてはいない

アーメン、私は砕かれた。アーメン、しかし私は砕かれてはいない
アーメン、私は苦しんだ。アーメン、しかし私は苦しんではいない

これに類するマーニー教讃歌の解釈は、多くのマーニー教研究者を苦しめている。例えば、ミュンスター大学のジークフリート・リヒターは、結局のところイエスのなかには二つの相反する性質が共存しているのだろうと想定し、「人の子」としてのイエスは十字架上で苦しんだが、「神の子」としてのイエスはパリニルヴァーナ（涅槃）に入っただけだと解釈した（Richter, *Exegetisch-literarkritische Untersuchungen von Herakleidespsalmen des koptisch-manichäischen Psalmenbuches*, 1994）。

しかし、マーニーが「イエスは人間の胎内から生まれたのではない」と言明したとされるのだから、イエスのなかに「人の子」の要素が混入しているとみなすのは、現在のキリスト教的な前提に引きずられた説かもしれない。マーニーがイエスに特別の意義を見出しているのは、地中海世界のキリスト教が「神が肉体を纏い、人間として振る舞った」点にあると考えるのとは正反対に、「光の使徒が一切肉体を纏わずに、闇の世界に降臨した」点にこそある。肉体を持たなかったのが誇りであるはずのイエスに十字架上で苦しまれては、マーニーとしても立つ瀬がないだろう。

むしろ、『ケファライア』が述べているように、イエスは仮の姿である肉体のまま十字架に架けられたように装い、その受難の幻影によって、闇の種族に撃破された原人の苦しみと、物質に囚われた光の要素の悲哀を人類に象徴的に明かしたと考えた方が、筋が通るようである（Franzmann, *Jesus in the Manichaean Writings*, 2003, p. 73）。マーニー教の立場からすれば、このような受難の意義づけは、アダムの原罪をイエスがご自身の肉体をもって十字架上で贖い、それによって人類史を完成させるという原始キリスト教教会の解釈よりも、数段深い精神的レベルでイエスを体験したものと考えられた。つまり、肉体軽視の極限を象徴することで、人類の霊魂がグノーシスを得て肉体の死に打ち克つ最善の指針となりうるのである。もちろん、物質や肉体をここまで蔑視した背景には、マーニー教に特有の極度に禁欲主義的な教義が伏在した。

かくして、「地上の使徒イエス」は十字架に架けられ、人類の贖罪にせよ受難の幻影にせよ、ともかく処刑され（たように見え）、復活し、そして昇天した。要するに、「地上の使徒イエス」は「天上界の輝けるイエス」そのものであるにもかかわらず、不思議にも使徒としての使命には失敗し、ただ十字架という象徴だけを残して去っていったのである。これは一種のカタストロフである。そこで、彼の事業を完成させるためには、人間の女の子宮から誕生し、決して天的な起源を有しているわけではなさそうなマーニーを必要とすることになった。かなりパラドクシカルな教義であるが、これはもちろん、当初はイエスの使徒を自称していたマーニーが、次第に自分をイエスを超える使徒とみなすようになったために生じた矛盾である。こうして、天上界の存在としては最強と思えるイエスが成し遂げられなかったことを、「イエス・キリストの使徒」に過ぎない地上的存在であるマーニーが完成するという複雑な使徒論が形成されていった。

「最後の審判に降臨する裁きのイエス」

而して、そのマーニーも殉教し、マーニー教神話構造が終盤に差し掛かる最後の審判にいたって、今度は「裁きのイエス」という存在が地上に降臨する。彼も「天上界の輝けるイエス」が（分身して？）降臨したものらしいのだが、前回の「地上の使徒イエス」があっさり十字架に架けられて敗北したのと正反対に、今回の「裁きのイエス」は闇の種族と戦うどころか、姿を見せただけで彼らを承伏させ、一二〇年間もの長きにわたって地上に救世主王として君臨する。そして、最後には善人と悪人を分かち、光と闇の戦いに一気に決着をつけて、光の種族に至福の王国を齎すとされる。

このようなことができるなら、ザラスシュトラや仏陀に啓示を下したり、最初に降臨した際に十字架に架けられて受難の幻影を見せたり、自分より格下のマーニーにメッセージを託したりと余計な手間暇をかけずに、「天上界の輝けるイエス」が最初から自分で降臨して闇の種族を打倒してくれれば早かったという気がしないでもない。また、神話のストーリー展開から見て、最終的に人類を救済する役割は最終使徒であるマーニーにこそふさわしいと思われるのだが、マーニーの登場シーンは案外少なく、イエスから託されたメッセージを書物に書き記し、原始キリスト教教会に対抗する「真のキリスト教」教会を設立するという地上的活動で終わりである。予想に反して、最後の審判の日にはマーニーは影も形も見せない。

以上をまとめると、マーニーの真上には「天上界の輝けるイエス」があり、直前には「地上の使徒イエス」があったように、マーニーの直後には「最後の審判に降臨する裁きのイエス」が控えている。同じ使徒として言及されているザラスシュトラや仏陀のメッセージは具体的に記述されておらず、ほぼいないも同然であり、マーニー本人も自分の神話構造のなかで必ずしも主役の位置にはいない。実質的なマーニー教使徒論の核心は、このように複雑に変化するイエス論にある。それも、このイエス論を考案したマーニー本人の自意識の変化とともに、マーニー以上の存在であったり、マーニーにつぐ存在であったり、両方であったりと、位格がめまぐるしく変化するイエス論である。

ここまで、マーニーの使徒論における重層的なイエスのあり方を概観した。現在知られ

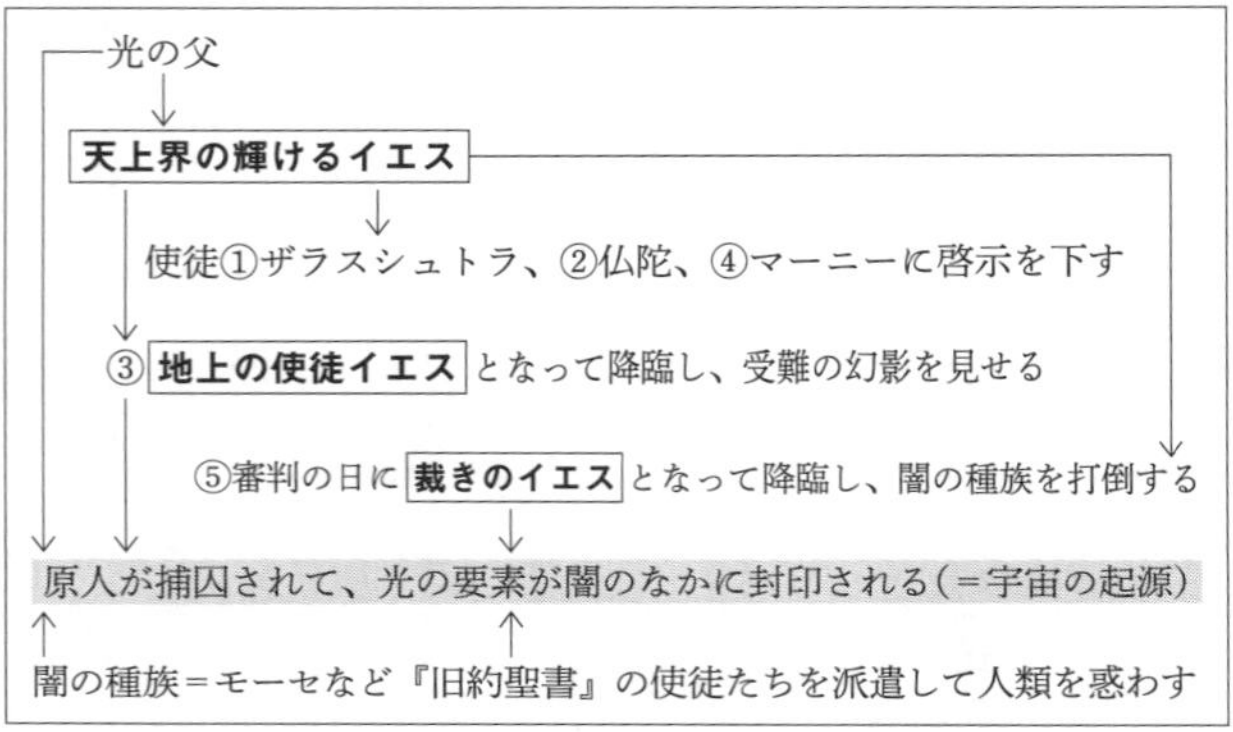
光の父
天上界の輝けるイエス
使徒①ザラスシュトラ、②仏陀、④マーニーに啓示を下す
③地上の使徒イエスとなって降臨し、受難の幻影を見せる
⑤審判の日に裁きのイエスとなって降臨し、闇の種族を打倒する
原人が捕囚されて、光の要素が闇のなかに封印される（＝宇宙の起源）
闇の種族＝モーセなど『旧約聖書』の使徒たちを派遣して人類を惑わす

図表9　マーニー教救済論と重層的なイエス像

ているキリスト教の考え方からすれば、奇想驚くべきものである。そのうえ、奇行驚くべきことには、マーニーはこれこそ「真のキリスト教」だと確信して、東西へ——特に西の地中海世界へ——殴り込みをかけるように布教をはじめる。無鉄砲でもあり、壮挙でもあり、結果的には見境なしの流血までともなう事態に発展するのだが、マーニーは神話のなかの英雄のように大真面目だった。まさに自分で考えて自分に割り振った役柄通りである。ここで、ここまでの内容を頭のなかで整理するために、図表9にまとめておこう。

3　「真のキリスト教」の伝道

東西への布教方法の差異

マーニーの教えは、「聖書ストーリー」にどっぷりと浸かった三世紀のメソポタミアという環境から生まれ出たものだが、その教義は地中海世界のキリスト教からは弧を描くようにして離れ、一切交わることがない。『新約聖書』に描かれた内容とマーニーの大脳のなかに宿ったその解釈とは、本来は同一線上には並べられないものだろうし、彼が地中海世界に生まれていたならば、一神学者として自分の意見を開陳することになっただろう。しかし、マーニーは苦もなく両者を同一次元に並べ、自分の理解の方が数段優れているという結論を引き出す。

ただそれだけだったら、マーニーの思考は恐ろしく狭隘《きょうあい》であることになるが、奇想の割には物事の実際面にも長じた人物だったようで、西の地中海世界と東のイラン・中央アジア世界に対して、それぞれまったく異なった顔を向けて布教するだけの器用さを持ちあわせていた。すなわち、「聖書ストーリー」になじみが深い地中海世界に対しては、それを最終的に止揚する「真のキリスト教」としての教義を前面に押し出し、すでに存在していた原始教会——次第にカトリック教会へと脱皮しつつあった——に激しい闘争を仕掛けた。もちろん、こちらの方が、マーニー・ハイイェーが考えていた自らの教えの本来の姿である。

しかし、メソポタミアより東のイラン・中央アジア世界には、インド・イラン系の伝統を重んじるサーサーン王朝ペルシア帝国と、その国教であるゾロアスター教ズルヴァーン主義が蟠踞《ばんきょ》しており、「聖書ストーリー」にはまったくなじみがない。彼らに「イエスの言葉」を説いても理解を得るのは難しいだろう。そこで、マーニーは意外な食域の広さを発揮して、いつのまに吸収したのかゾロアスター教系あるいは仏教系の名称をイエス論の配役のなかに潜り込ませるなどの妙で、柔軟に対応した。結果的に、メソポタミアの東西で、とても同じ教義の宗教とは思えないほどバリエーションのある「マーニー教」が布教されることになった。

当時の「聖書ストーリー」波及の東端であるメソポタミアがローマ帝国の版図内であったら、マーニーもここまで作為的な工夫を施さず、率直に「真のキリスト教」としての布教が可能だったにちがいない（地図4参照）。しかし、三世紀の宗教・言語・政治の各境界線は複雑に入り乱れ、メソポタミア平原は「聖書ストーリー」の影響圏に含まれる点では地中海世界と同質であり、シリア語を共通語とする点ではローマ帝国内の内陸シリアと言語を等しくするにもかかわらず、政治的にはイラン高原や中央アジアを主たる版図とするサーサーン王朝ペルシア帝国に包摂されていた。そればかりではなく、まったく異質なインド・イラン系の伝統を持つペルシア帝国が、首都をシリア語文化圏であるメソポタミア中部の街クテスィフォンに置いたために、この地の出身であるマーニーはシリア語を喋り

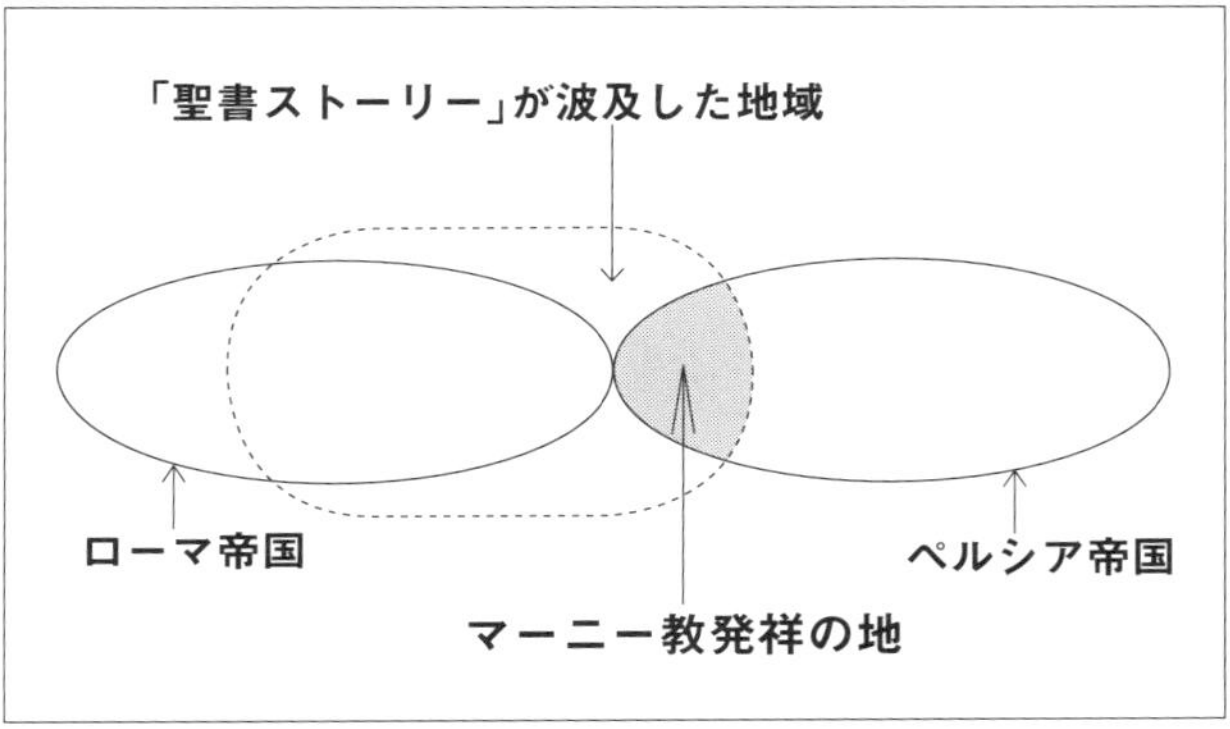

図表10　メソポタミアの宗教・言語・政治的帰属の多重性

つつも、否応なく東方的なイランや中央アジアも視界に含めざるをえなかったのである。このように文化的にきわめて複雑な状況にあったメソポタミアに成立したことが、少なくともマーニー本人の脳中では「真のキリスト教」としてはじまったマーニー教の性格を、東方で大幅に変えていく要因となった。

「最悪の異端」——地中海世界のマーニー教

まず、地中海世界への伝播から見ていこう。歴史上、パレスティナ以東の宗教が地中海世界に大規模に流入したケースは、二つしか知られていない。その第一が、二〜四世紀にローマ帝国で大きな勢力を保ったミトラ教であり（ミトラ教については第四章を参照）、第二が、四〜五世紀に興隆したマーニー教である。

ただ、両者のルーツには大きな違いがある。前者は純粋にインド・イラン的伝統に属する宗教であり、その直接の起源は小アジアからアルメニアにかけての一帯に求められるが、後者は「聖書ストーリー」が一旦「東方」へ進出した後、それがまったく別種の方向に発展したうえで地中海世界へ逆流してきたものである。キリスト教の立場からすれば、地中海世界に何の所縁もない異教であるミトラ教よりも、「東方」から光彩奕々《えきえき》として出現した「真のキリスト教」の方がはるかに脅威だったにちがいない。現にエジプトでは瞬く間にマーニー教徒が増加しており、これを見ては原始教会の司教たちも恬《てん》としてはいられず、教義的な意見を開陳する必要を感じた。

その一人が、アレクサンダー・リュコポリス（三世紀末）である。彼にとっては、「マーニー教」――「真のキリスト教」とは絶対に呼ばない――の禁欲主義が、魅力的であるだけに、かえって原始教会にとっての大いなる脅威とみなされた。実際、エジプトの修道院制は聖アントニウス（二五一～三五六年）の活動によってこの頃にエジプトで盛んになっており、これとマーニー教のあいだに影響関係を見出そうとする学説も存在した。しかし、マーニー教の聖職者が都市で活動するのに反し、エジプトのキリスト教修道院は沙漠で営まれているし、前者は宣教活動を主たる目的とするのに対し、後者は引き籠っての神への祈りが主たる目的である。細かく比較すれば、両者のあいだに影響関係を想定するのは無理であろうとされている（戸田聡「キリスト教修道制の生成とマニ教——エジプトとシリアの場合」一九九六年）。

マーニー教徒の側からすれば、「聖書ストーリー」東僻の地から出現し、『旧約聖書』と『新約聖書』をともに認める「セミ・クリスチャン」たち——彼らの方では地中海世界の原始キリスト教教会をこう呼ぶ——の誤りを指摘するつもりだった。しかしながら、ギリシア教父で教会史家のエウセビオス（三三九年没）から「彼はペルシア人の土地から、死の毒の如きあるものをもって全世界を汚染させた」と非難されたように、どうにも政治的境界線の向こう側——つまりはペルシア——から出現した「異質で不気味な他者」としてのイメージを持たれてしまったようである。実際、マーニー教教会本部がローマ帝国の首都ローマではなく、不思議にもゾロアスター教を国教とするペルシア帝国の首都クテスィフォンで営まれていたのは厳然たる事実であったので、エウセビオスの指摘には根拠があった。このため、地中海世界での「聖書ストーリー」解釈の主導権争いでは、地理的なイメージのうえでつねに不利な立場に立たされた。

あとは、マーニー・ハイイェーによる「聖書ストーリー」理解の魅力が、地中海世界でどれだけ通用するかの勝負であったが、これは意外と多くのキリスト教徒をひきつけたようである。その代表例が、自らの人生をそのまま人生実験の被験者にするかのように、マーニーのキリスト教と原始教会のキリスト教を両方信仰し、ついに後者の信仰を選び取ったアウグスティヌス（四三〇年没）である。もっとも、当時の状況からすれば、ある宗教から別の宗教への「改宗」ではなく、キリスト教という枠内で原始教会の解釈を採るかマーニーの解釈を採るかの迷いだっただろうが。

結局、マーニー的なキリスト教は地中海世界では主流になりえず、ローマの教会からは「最悪の異端」――「異教」ではない――との悪罵を受けながら、寄る辺のないまま儚《はかな》く潰《つい》えていった。同時に、マーニーの頭のなかで繚乱として存在していた幾通りものイエス像――「天上界の輝けるイエス」や「審判の日の裁きのイエス」など――も、それを支えるグノーシス主義的な神話も姿を消した。キリスト教は、ローマ・カトリック教会によって、『新約聖書』に描かれた通りの「地上の使徒イエス」と『旧約聖書』という地盤の上に教義が確立されることになり、そして、「東方」から闖入《ちんにゅう》してきたこの過剰な想像力を最終的にふりはらったのである。

ゾロアスター教神官からの迫害――イラン・中央アジア世界のマーニー教

メソポタミアからイラン・中央アジアへの布教に当たっては、マーニー教教義の神格や使徒の名称に大規模な改変が加えられている。第三章のゾロアスター教ズルヴァーン主義の解説と比較していただきたいのだが、マーニーが二四歳の時にペルシア皇帝への献呈を前提として執筆したパフラヴィー語文献『シャーブフラガーン』のなかでは、マーニー教の最高神格「光の父」が時間の神ズルヴァーンに、原人が善の神オフルマズドに、闇の王が悪の神アフレマンに改称され、外見上はすっかりイラン系の宗教に見間違うばかりの粉飾が施された。こうも簡単に置換されてしまったという事実は、マーニー教神話にあっては「構造」の方が重要であり、布教のためならイエス論でさえ代替可能であるというマーニー教理解に一定の根拠を与えている。

さらに、イエスという名称が最低三回は別人格（または別神格）として出現する事態は、マーニーにとっても不合理だと感じられたのか、『シャーブフラガーン』では「天上界の輝けるイエス」と「裁きのイエス」はパフラヴィー語で「フラデシャフル＝叡智の主」と呼ばれ、「地上の使徒イエス」だけがそのままイエスの名を保持している。この事実は、マーニーの内心でも、優先順位の高い具体的なイエスと言えば「地上の使徒イエス」であって、『新約聖書』に具体的根拠を持たない「天上界の輝けるイエス」や「裁きのイエス」は、マーニーによる人工物であったことを暗示しているかもしれない。

だが、いくら「真のキリスト教」がゾロアスター教系の神名というよそゆきの衣装を着てみても、ゾロアスター教神官団にとっては、拝火儀礼や太陽崇拝をおこなわないマーニー教がインド・イラン的伝統に根差した宗教ではなく、「聖書ストーリー」の分岐であることは明白だった。マーニー教からすれば、折角《せっかく》よそゆきを着てみただけ、損だったようなものである。マーニー本人も、ゾロアスター教大神官キルデールが仕掛けた宮廷内の陰謀事件に巻き込まれて、二七七年に六〇歳を一期として落命した。彼が遺したマーニー教教会――自称では「真のキリスト教教会」だったはずである――の指導者たちも、あいついでゾロアスター教神官団の血腥《ちなまぐさ》い迫害の犠牲者となったらしい。

「仏陀のための宗教」へ

以後、サーサーン王朝ペルシア帝国の版図内では、マーニー教はゾロアスター教神官団による弾圧を受けつづけ、ほとんど教勢を伸ばすことができず、かえって中央アジア方面に活路を見出さざるをえなかった。しかし、アダムやイエスに深くなじんだ地中海〜西アジアの文化圏を東へ大きく超え出た中央アジアという土地柄は、「聖書ストーリー」にほとんど所縁がない。マーニー教は、イラン系の宗教に化けた作業をもう一度、今度は仏教を対象としておこなうべく、第二のよそゆきを着て頑張った。結果的にこちらの方は大成功を収め、中央アジアの民たちに大いに受け入れられたのだが、そのよそゆきが脱げなくなってしまうという思わぬ副作用をも齎してしまい、マーニー教は教祖本来の意図であった「聖書ストーリー」の最終形態からははるかに隔たった宗教へと変質していった。しばらくすると、マーニー教は中央アジアでも「真の仏教」にはなりえず、天竺渡来の仏教との勢力争いに敗れて、九世紀頃には沙漠の砂に吸い込まれるようにして姿を消した。

二〇一一年現在、地球上でマーニー教徒らしき人びとが確認されるのは、この中央アジア・マーニー教徒の何人かが中国江南地方まで逃げのび、その子孫たちがひっそりと暮らしている（とされる）福建省の山奥の村のみである（青木健「『福建省霞浦県柏洋郷上万村マニ教徒村シンポジウム』の報告」二〇一一年。但し、現段階では真偽未確定の調査報告）。ただ、たとえ荒蕪《こうぶ》の地の果てで挫折したにしても、マーニーによる「真のキリスト教」の開教は、古代末期の東方で「聖書ストーリー」の理解に最善を尽くし、最高の目標をめざした真摯な努力であった。そして、その思想の神韻縹渺《しんいんひょうびょう》たる幻想美は、少なくとも醇乎《じゅんこ》とした芸術の域にまで達していた。マーニーは自分の全人生を自分の宗教思想に移植して滅び、マーニー教も「東方」への「聖書ストーリー」拡大の一端を担いつつ、イエスのための宗教が最後には仏陀のための宗教へと翻転して、我々の視界から姿を消したのである。

第三章　ペルシアの国教ゾロアスター教ズルヴァーン主義——三〜八世紀のイラン

1　「聖書ストーリー」に対する「東方の壁」

アーリア人の宗教

先に、「聖書ストーリー」以外の東方の土着の宗教を「各民族の『神話ストーリーの堆積』」と表現したが、その神話ストーリーを信奉している民族の規模にも大小がある。この尺度で測った場合、古代末期の東方で最大多数を占めていた神話体系は、イラン高原上に棲み着いて久しいアーリア人(インド・イラン人)のものであった。古代世界にあって、定住民・遊牧民を含めたアーリア人の分布地域は、単にイラン高原だけに留まらず、北はウクライナから南はインド亜大陸、西はイラン高原から東は(現在の)新疆ウイグル自治区におよぶきわめて広汎な地域にわたっていた。当然、彼らの共通神話の流通範囲も広範囲なものとなった。この過程については、青木健『アーリア人』(二〇〇九年)を参照していただきたい。

このうち、紀元前一二世紀頃に中央アジアからイラン高原東部にいたるどこかの地域でザラスシュトラ・スピターマと名乗る神官が出現し、彼らの伝統的な神々を善と悪に分かち、最高神としてアフラ・マズダーを崇拝せよという宗教改革をおこなった。しかし、彼の改革は即座に周囲のアーリア人伝統の多神教の揺り戻しを受けて実体が曖昧になったし、彼が遺した教団もどこで何をしていたのか判然としない時代が長くつづく。もちろん、ザラスシュトラの詩句が文字に書き記されることは絶えてなく、もっぱら呪文としての効力を期待されて口伝で受け継がれた。皮肉なことに、彼の名前だけが西方まで響き渡り、イラン高原上のアーリア人の諸宗教は地中海世界から見て「ゾロアスター教」の一語で括られた。これが、結果的に古代末期における東方の土着宗教としては最大のものとなった「ゾロアスター教」の発端である。この過程については、青木健『ゾロアスター教』（二〇〇八年）を参照していただきたい。

ペルシア帝国の国教

ゾロアスター教が他の東方土着宗教と異なるのは、二二四年に成立したサーサーン王朝ペルシア帝国の皇帝たちが国家を造る必要に迫られて、「イラン人の習慣」という粘着力で固めて造形した「宗教」となった点である。この点で、「聖書ストーリー」とはおよそ成立の経緯を異にしているのだが、ゾロアスター教は外部から見るとなかなか威風堂々としていて、古代末期の「聖書ストーリー」の最強のライバルのように見えなくもなかった。なにしろ、最高神らしき存在もあり、「聖書ストーリー」が想定するところの預言者に該当しそうなザラスシュトラ・スピターマという厳めしい名も伝わっているのである。

本当はイラン人たちの頭のなかはもっと混乱していたはずなのだが、「聖書ストーリー」に慣れた観察者たちからは、その最高神がヤハウェに当たり、ザラスシュトラはその使徒か何かだろうと考えられた。この過大評価の行きつくところ、逆に「聖書ストーリー」成立に当たって、ゾロアスター教思想が大きな影響を与えたようにも思われた。ただ、三世紀のゾロアスター教神官が「聖書ストーリー」の担い手と教義論争などしようと思ったら、その時点で負けである。ゾロアスター教にはまだまだ明確な教義など存在せず、古代イランの神話が朧気《おぼろげ》に積み重なっているだけのことだったからである。

「イラン人の習慣」という粘着力

ペルシア帝国の皇帝たちは、そんなゾロアスター教を「国教」にすべく、たいへんな骨を折った。「国教」という概念自体、彼らの独創である。第四章で後述するように、アルメニアがキリスト教を世界ではじめて国教にするのが三〇一年、ローマ帝国がキリスト教を国教にするのが三九二年であるのとくらべると、ゾロアスター教の国教化は「聖書ストーリー」系宗教の国教化に五〇〜一五〇年は先んじているのである。初期の皇帝たちに仕えた大神官キルデールが、シリア系キリスト教徒、ギリシア系キリスト教徒、マーニー教徒などを弾圧した自らの功業を誇った碑文を造営しているところから見ると、「聖書ストーリー」の東進に対する防衛本能が働いたのかもしれない。

キルデールが気の毒なのは、そのように「聖書ストーリー」を弾圧したまではよいのだが、肝心のゾロアスター教の内容となると「帝国各地に聖火を叙任して、正しい拝火儀礼を普及させた」程度の記述しかなく、教義などは未整備であることを暴露している点である。この頃のゾロアスター教の実態は、偶々政治権力を握ったペルシア人たちが「偶像崇拝はいけない。ペルシア風に聖別された正しい聖火を拝め」と、イラン高原全土に自分たちの習慣を押し売りして回ったに過ぎないようである。

三世紀当時のゾロアスター教の内実を知る最善の方法は、皮肉にもマーニーが自らのイエス論にイラン風の装いを与えたその虚飾部分からの逆算である。そして、マーニーの教えによれば、彼が在世当時のゾロアスター教の最高神格は「ズルヴァーン」と言い、「オフルマズド（アフラ・マズダーの中世語形）」はその下位神格として、大魔王アフレマン（アンラ・マンユの中世語形）の軍団と戦うのであった。

2　時間の神の崇拝

五世紀の「ゾロアスター教改宗勅令」

三世紀にそのような——若干情けない——状況だったゾロアスター教も、つぎからつぎへと東進してくる「聖書ストーリー」を目の当たりにしては、安閑としてはいられなかった。マーニー教はペルシア帝国の首都クテスィフォンで興った運動なので、直接弾圧できる範囲内にあったが、ローマ帝国領からつぎからつぎへと布教に訪れるキリスト教宣教師たちを防禦するのはきわめて難しかった。シャーブフル二世時代（在位三〇九〜三七九年）には、進出してくる宣教師たちを見つけ次第逮捕して処刑していたものの、信念を持ってやってくるキリスト教徒たちは膨大な数にのぼった。ペルシア人にとっては、イエスの十字架磔刑を追体験するために喜んで殉教する情熱は、完全に理解の埒外《らちがい》だったにちがいない。しかも原始キリスト教教会の方では、シリア語文献『ペルシア殉教者行伝』(Hoffmann, *Auszüge aus syrischen Akten persischer Märtyrer*, 1880) などを執筆して殉教者たちを讃えるものだから、嬉々として殉教するキリスト教改宗者はいよいよ増えた。また、五世紀になると、イラン高原中部の都市ガイ（現在のエスファハーン）はユダヤ教徒の街と言われるほどにユダヤ教人口が増加し、ユダヤ教やキリスト教にシンパシーを感じていたとされる皇帝ヤザドギルド一世（在位三九九〜四二〇年）の正妃のなかにもユダヤ教徒が出現した。

ペルシア帝国の直轄領ではなく、外藩の諸王に統治させている藩王国にいたっては、ゾロアスター教神官団による統制も効かず、「聖書ストーリー」に対する免疫はさらに弱かった。東方諸国のなかで、アーリア系の宗教を捨てて最初にキリスト教に改宗したのは、三〇一年のアルメニア藩王国である。しかも、三九二年にはキリスト教はローマ帝国の国教に昇格したので、「聖書ストーリー」ははっきりと敵性宗教になった。

ペルシア帝国の方でも、何らかの対応策を講じる必要を感じ、とうとう、ヴァフラーム五世の時代（在位四二一〜四三九年）に、大宰相ミフル・ナルセフがゾロアスター教の教義らしきものをパフラヴィー語文書にまとめ、不信心なアルメニア人たちに配布する政策——アルメニアに進駐するペルシア帝国軍付き——が採られた。「聖書ストーリー」に触発されてのことではあったが、五世紀の段階でゾロアスター教にも「教義」が誕生したわけで、文書の性質から見て、その内容が当時のペルシア帝国の標準的なゾロアスター教思想を反映していることはまちがいない。

ゾロアスター教ズルヴァーン主義と二元論的ゾロアスター教

ちなみに、ゾロアスター教神官団が大規模に自らの教義を編纂する機会は、この後にもう一度だけあった。後年、すでにペルシア帝国がアラブ人イスラーム教徒の侵攻によって滅び、神官団がその組織力だけでゾロアスター教を守っていかなくてはならなくなった九〜一〇世紀のことである。この時は、イラン高原上に充満するイスラーム教徒の圧力はアルメニア藩王国のキリスト教改宗の比ではなかったらしく、神官団は死に物狂いでパフラヴィー語文献を大量生産した。現存するタイトル数でも六〇を超える文書が確認されているから、失われた文献まで想定するなら、ゾロアスター教文献作成の黄金期はこの九〜一〇世紀であった。逆に言えば、ゾロアスター教神官団は、何らかの外圧が加わらないかぎり、教義を切々と書き記すなどということはしない人びとであった。

このように、五世紀の勅令一編と九〜一〇世紀の文献六〇タイトルと、量的には大きな差があるものの、ゾロアスター教神官団は五〇〇年間隔で史上二回だけ教義を文書化した。而して、ゾロアスター教研究上の問題は、両者の内容がまったく一致しない点にある。前者は、ペルシア州の名門貴族スパンディヤール家出身の大宰相が公式教義として起草した勅令文書であり、その内容はそれを受領したアルメニア人神学修士たちによる複数の反駁文献から裏付けられている。後者は、ペルシア州に退却したゾロアスター教神官団の指導者職フデーナーン・ペーショーバーイたちが、最後に残った信徒たちに示すべく配布した、これまた疑いようのない権威ある史料である。ということは、権威性や地域性による差が考えられない以上、三世紀から五世紀前半にかけて醸成されたゾロアスター教教義と、九〜一〇世紀に公認されていたゾロアスター教教義は、まるで別物だったという結論に落ち着かざるをえない。本書では、前者を最高神格の名を採って「ゾロアスター教ズルヴァーン主義」と呼び、後者を思想構造の特徴を採って「二元論的ゾロアスター教」と名づけて区別しよう。

通常、ゾロアスター教思想と言えば、九〜一〇世紀の文献の内容を古代まで投影させて、「揺るぎなき二元論」と解説されることが多い。かつてはこの論旨に沿って、超歴史的に存在する「ゾロアスター教の二元論的本質」から、「聖書ストーリー」であるユダヤ教・キリスト教・マーニー教への影響が語られてきた。この場合、議論はゾロアスター教の歴史的変容を認めない本質主義的なものとなり、ゾロアスター教ズルヴァーン主義は一時的に出現した異端とみなされる。

しかし、「聖書ストーリー」に触発されて教義らしきものが誕生した最初期のゾロアスター教思想はズルヴァーン主義の方であり、それが皇帝の勅令からも確認されるとなると、「ゾロアスター教＝揺るぎなき二元論」説もかなり怪しくなる。以下では、「ゾロアスター教改宗勅令」から復元されるゾロアスター教ズルヴァーン主義の思想内容を古代末期の正統教義として見ていこう。

ゾロアスター教ズルヴァーン主義の宇宙論

まずは、宇宙論から概観したい。この教えにしたがえば、宇宙の創世は無限時間を意味する神格ズルヴァーンが息子を欲したことにはじまる。いかにもインド・イラン人のメンタリティーを反映していることには、この神は欲するところを成就するべく、聖火に奉献物を捧げて一心不乱に祈るという拝火儀礼をおこなった。わざわざこのような手順を踏まなくてはならなかったところを見ると、決して全能の神ではなく、人間同様に定められた儀式をおこなって、はじめて効果を得ることができたらしい。当然、その儀式の霊験あらたかであるべきところ、ズルヴァーンはうっかり「こんな儀礼をやっていて何になるのか?」と疑念を抱いてしまう。これまた、批判精神旺盛なインド・イラン人の施主が、お布施をたっぷり要求する神官たちに対して呟きそうな言葉である。

すると、その疑念から、ズルヴァーンの胎内には悪魔としてアフレマンが宿り、他方、拝火儀礼本来の効果によって、正義の神オフルマズドも宿った。要するに、悪神と善神は起源を同じくする双子だったのである。ちなみに、ズルヴァーンは両性具有の神格だったらしいのだが、反駁文献を執筆したキリスト教徒学者たちはそれを理解できず、ズルヴァーンの妻という女神が別個に存在していると伝承してしまい、混乱を来している。

性格が正反対の長男アフレマンと次男オフルマズドは、ズルヴァーンの胎内から出生した後、直ちに闘争をはじめる。かなり無責任に思えることに、ズルヴァーンはアフレマンを煽り、しかも最初は彼の方を援護して、オフルマズドに攻撃を仕掛けさせるのである。これに対してオフルマズドも負けてはおらず、しかもアフレマン援護に輪を掛けて無責任なことに、ズルヴァーンは今度はオフルマズドを支援して、一万二〇〇〇年間の有限時間と天圏を区切り、その時空間のなかでの兄弟闘争を勧める。そして、長男と次男——悪神と善神——の闘争を煽れるだけ煽った後、無限時間の神ズルヴァーンは何処へともなく姿を消す。何とも無責任な最高神であった。

なお、このように崇拝し甲斐もなさそうな神にもかかわらず、ズルヴァーンはペルシア帝国貴族たちのあいだで人気はあったようである。「ゾロアスター教改宗勅令」を起草した大宰相ミフル・ナルセフは、長男にズルヴァーンダード（ズルヴァーン神が創造した者）と名付けて、帝国の宗教を司る官職（ヘールベダーン・ヘールベド）に任命している。

ちなみに、このように無機的な神格を図像化するのはペルシア帝国の芸術家たちにとっても難しかったようで、最高神ズルヴァーンの視覚的表現は二系統しか知られていない。

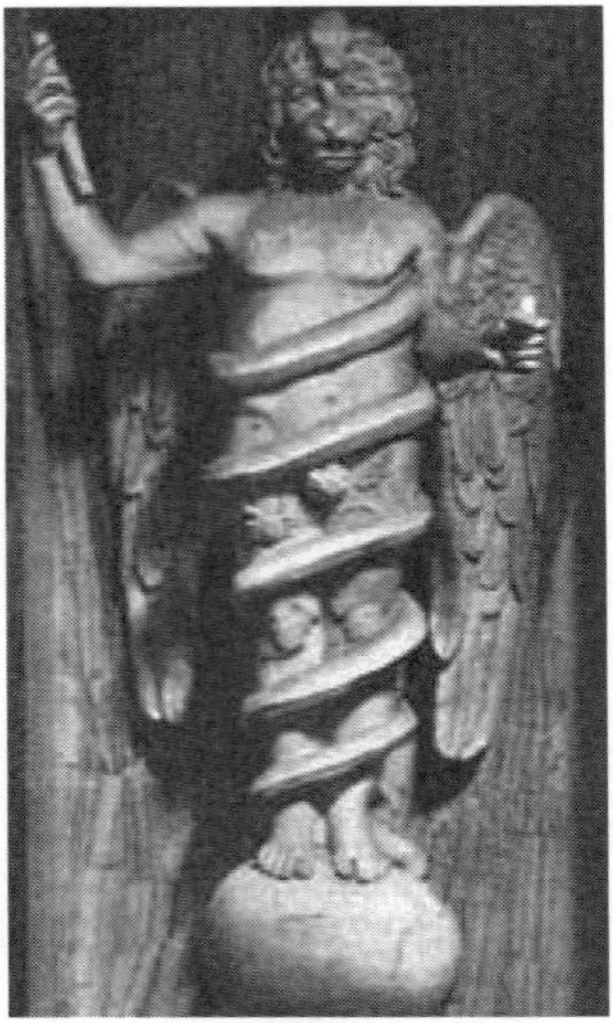

写真3　ローマ帝国で成立したズルヴァーンと推定される立像

一つは、いわばペルシア帝国の「正統図案」と思われるもので、バイ・シャーブフルの街の近郊、タンゲ・チョウガーンの谷の壁面に四世紀に彫られた神格の一図像である。ただ、筆者が尋ねたアメリカの美術学者はこれをズルヴァーン神（だとする学説がある）と断言するものの、レリーフにその旨記入されているわけではない。

もう一つは、ズルヴァーンという神格がミトラ教に導入されてローマ帝国で信者を獲得し、ギリシア系の神格であるクロノスと融合した立像である（ローマ帝国へ流入したミトラ教にかんしては第四章を参照）。こちらは、蛇を体に巻きつかせて獅子の頭部を持った男性立像として表現されており、怪異な風貌から悪魔像だと誤解されたこともあった（写真3を参照）。もちろん、ローマ帝国内のミトラ教徒たちが独自にズルヴァーンを造形した像であって、ペルシア帝国のゾロアスター教神官団が与《あずか》り知らぬ表現形態であることは言うまでもない。

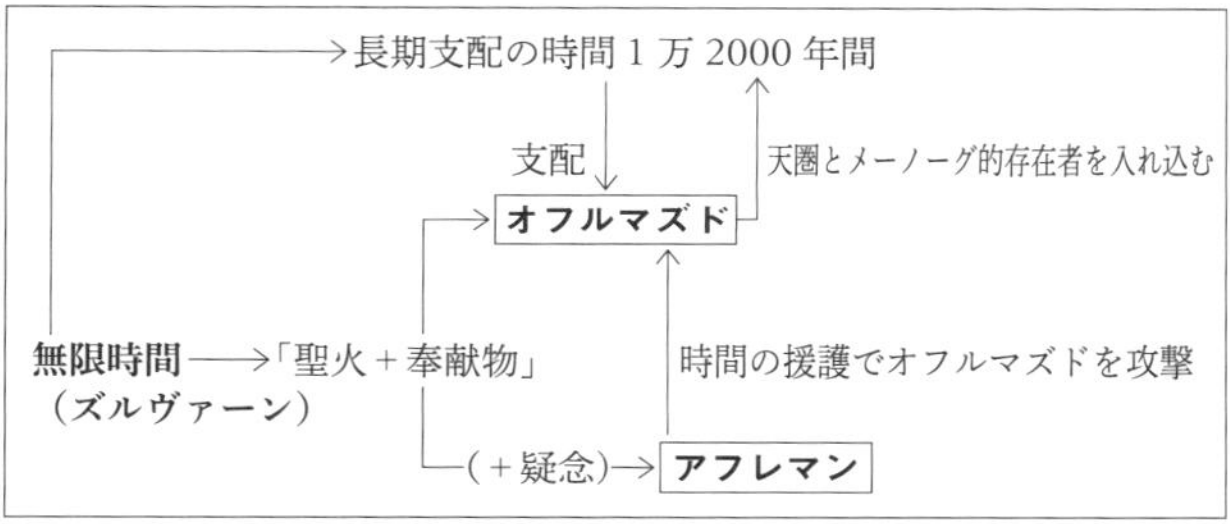

図表11　ズルヴァーン主義の創造神話

以上が、アダムも原人も登場しない、ゾロアスター教神官団が生み出したズルヴァーン主義の創造神話の概要である。これを、図表11に図示してみよう。

アフレマンとオフルマズドの闘争

一見すると、無限時間の神が去った後、アフレマンとオフルマズドが取り残されて闘争する段階に入ってしまえば、ゾロアスター教ズルヴァーン主義と二元論的ゾロアスター教の教義には大差がないように見受けられる。しかし、仔細に見れば、両者の思想的相違はこの後も延々とつづいている。

第一に、二元論的ゾロアスター教では、アフレマンとオフルマズドはメーノーグ（精神）界とゲーティーグ（物質）界の両世界でそれぞれの軍団を保持し、対等に渡り合っているとされる。アフレマンが虚偽という概念を繰り出せば、オフルマズドは正義という概念で応戦し、アフレマン

第1段階

- オフルマズド＝メーノーグ（精神）的存在者とゲーティーグ（物質）的存在者を創造
- アフレマン＝時間の援護でオフルマズドを攻撃しようとするが、オフルマズドの軍団に圧倒されて地獄へ戻って雌伏する

第2段階

- オフルマズド＝アフレマンによってゲーティーグ的な存在はすっかり汚染される→メーノーグ的存在者たちがアフレマンを捕まえ、地獄に封印する
- アフレマン＝ゲーティーグ界で暴れ回って汚染する→しかし、メーノーグ的な軍団を持っていないので、メーノーグ的存在者たちに捕まり、地獄で捕囚される

図表12　アフレマンとオフルマズドの闘争

が蛇や蠍《さそり》を造り出せば、オフルマズドは犬やカワウソで反撃する。これが、光の要素である精神と闇の要素である物質という異次元に属するもの同士の闘争を説くマーニー教との、最大の相違点であると理解されてきた。

しかし、ゾロアスター教ズルヴァーン主義にあっては、オフルマズドはメーノーグ界とゲーティーグ界の両世界での軍団を揃えているものの、アフレマンはメーノーグ的軍団を持たず、ゲーティーグ的軍団のみで戦う。これでは最初から優劣は明らかで、アフレマンはゲーティーグ的軍団を駆使してオフルマズドのゲーティーグ的軍団を物質的に汚染するのが精一杯である。やがて、メーノーグ的軍団を持たないアフレマンは総退却を余儀なくされ、地獄へと逼塞《ひっそく》してしまう。

第二に、二元論的ゾロアスター教では、対等の軍

団を指揮するアフレマンとオフルマズドは延々と「光と闇の闘争」をくりかえし、終末の日にいたるまでその決着はつかない。善悪の闘争こそが宇宙の本質である。しかし、彼我の軍団の質にこれだけ差があるゾロアスター教ズルヴァーン主義においては、退却したアフレマンはそのままオフルマズドのメーノーグ的軍団によって捕囚されてしまい、大天使二人の監視の下で幽閉されることになっている。最初期の段階で善神が悪神にかなりあっけなく勝利を収めてしまうとするズルヴァーン主義は、宇宙の本質が善悪闘争にあるとする二元論とは相当かけ離れた思想である。

人類の使命

最後に、ゾロアスター教ズルヴァーン主義と二元論的ゾロアスター教の人間論をくらべてみよう。後者にあっては、世界が続くかぎり善神と悪神の闘争が続いているので、人間はそのどちらかの神を選んでその戦士として戦うべきとされる。だが、ゾロアスター教ズルヴァーン主義では、早々に善悪闘争の決着がついている以上、人間は特に闘争する必要がない。では、何のために人類は存在しているのか？

ゾロアスター教ズルヴァーン主義の教義によれば、人間は「地水火風の四元素」と「霊魂・知性・芳香」の三点セットの結合から成り立っている。この二つの要素のうち、地水

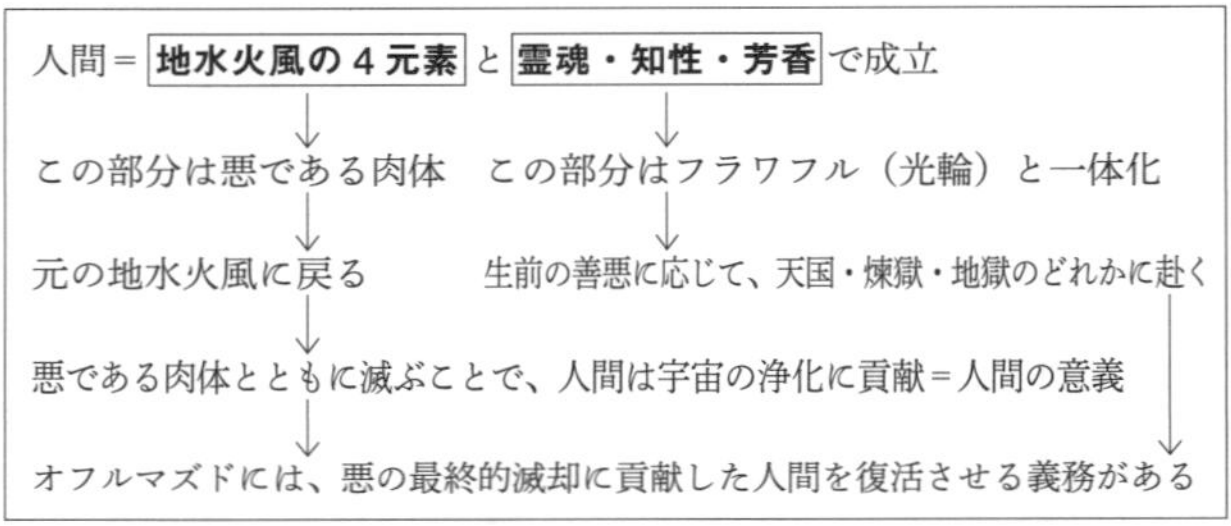
人間＝
地水火風の４元素
と
霊魂・知性・芳香
で成立
この部分は悪である肉体
この部分はフラワフル（光輪）と一体化
元の地水火風に戻る
生前の善悪に応じて、天国・煉獄・地獄のどれかに赴く
悪である肉体とともに滅ぶことで、人間は宇宙の浄化に貢献＝人間の意義
オフルマズドには、悪の最終的滅却に貢献した人間を復活させる義務がある

図表13　ズルヴァーン主義における人類の使命

火風の方はいつかは滅びる有限の物質から構成されている。そこで、人間はこの悪の要素を多量に含んだ肉体をあえて死滅させることで、そこに含まれるアフレマンによる世界汚染も取り除き、オフルマズド的な善の世界の浄化に役立つとされる。いわば人間は、肉体部分に悪の要素を含みつつも、死ぬことでそれを滅却し、アフレマンが世界創造の際に撒き散らしてしまった害毒を除去するための浄化装置なのである。

この教えは、人間は死ぬこと——少なくとも肉体が滅ぶこと——に最終的な意義があるとする暗さの点で、マーニー教の憂鬱さと濃厚な関係がありそうである。少なくとも、現代まで生き残ってきた「聖書ストーリー」に比較すると、まことに異種の教えであった。ただ、このような「ゾロアスター教改宗勅令」を受け取って、アルメニア人たちが入信したいと思ったかどうかは、はなはだ疑問なので、大宰相ミフル・ナルセフは最後に、「霊魂・知性・芳香」は世界の復活に際して全面的に救済されると述べている。ちなみに、こう言われたアルメニア人キリスト教徒たちがどう反応したかは、本書第四章を参照していただきたい。

3　ズルヴァーン主義から二元論へ

ゾロアスター教思想変容の時期

五世紀前半にこのようなゾロアスター教ズルヴァーン主義の教えが説かれ、ゾロアスター教神官団がこれによって「聖書ストーリー」の東進に対抗しようと試みたことは判明している。そして、九世紀には、ゾロアスター教はズルヴァーン主義を捨てて、二元論的な教義を採用していたこともわかっている。では、前者が後者に変容した時期は、五〜九世紀のどこに求められるだろうか？

これについては、何人かのゾロアスター教研究者が学説を開陳しており、大別すると以下の二種類にまとめられる。第一に、オックスフォード大学イラン学教授だったロバート・ゼーナー（一九七四年没）によれば、ペルシア帝国時代初期からゾロアスター教神官団のあいだではズルヴァーン主義と二元論が抗争をくりかえしており、帝国の国教は絶えず二つの極のあいだを揺れ動いて安定しなかった。六世紀のホスロー一世の時代（在位五三一～五七九年）になってはじめて、二元論がズルヴァーン主義を駆逐し、ゾロアスター教の教義は二元論に固定されたのだとする。

第二に、ロンドン大学イラン学教授だったメアリー・ボイス（二〇〇六年没）などによると、サーサーン王朝時代の国教は一貫して、帝国を樹立したペルシア人が信じるゾロアスター教ズルヴァーン主義だった。しかし、彼女らによれば、教祖ザラスシュトラが説いた本来のゾロアスター教は二元論であり、ズルヴァーン主義はバビロニアやギリシアの宗教思想と混合して成立した異端思想である。そこで、帝国が崩壊して政治権力の保護が失われると、イラン高原の東方地域に残存していた二元論がふたたび勢力を取り戻し、九世紀にペルシア州でもズルヴァーン主義と入れ替わったとする。いわば、二元論が正統教義であり、ズルヴァーン主義は西方とのシンクレティズムの産物だとする史観である。

しかし、私見では、アラビア語資料のなかでメソポタミアにおける最後のズルヴァーン主義神殿が確認されるのが八世紀なので、六世紀にズルヴァーン主義が消滅したというゼーナー説は根拠を失う。また、一一世紀の中央アジアの伝承では、依然として最初期にアフレマンが捕囚されるという五世紀タイプのズルヴァーン主義思想が表明されているから、この宗教思想の変動の波は「東→西」ではなく、「西→東」と波及していると考えられる。また、一般論として、ペルシア帝国の辺境であるイラン東部から、帝国の中枢に近く文化程度の高いメソポタミアやイラン西部へ宗教思想が逆流するとは考え難い。それに加えて、当時のイラン高原東部に二元論を信仰するパルティア人たちが存在していた証拠も何一つない。

筆者の考えでは、この変容は八世紀頃にメソポタミアやイラン高原西部のゾロアスター教神官団のあいだで発生し、徐々にイラン高原東部や中央アジアへと波及して、一一世紀にイラン全土のゾロアスター教徒の二元論化が完成したものと思われる。もっとも、その頃にはイラン高原のイスラーム化が完了してしまい、ゾロアスター教徒などいくらも残っていなかっただろうが。

さらに、二元論が正統でズルヴァーン主義が異端だとする予断も禁物である。ここで、現在明らかになっているゾロアスター教の発展を、三段階に区分して示そう。図表14をご覧いただきたい。

教祖の段階では、最高神アフラ・マズダーの下で、善霊スプンタ・マンユと悪霊アンラ・マンユが闘争する図式が定着していたようである。但し、口承伝承のなかで神話的に表現された教えなので、どこまで厳密な思想として練り上げられていたかは不透明である。

紀元前12世紀頃～＝教祖ザラスシュトラ・スピターマが提唱したと見られる教義

最高神アフラ・マズダー ─┬→ 善霊スプンタ・マンユ
　　　　　　　　　　　　│　　　×
　　　　　　　　　　　　└→ 悪霊アンラ・マンユ

↓（224年にサーサーン王朝成立。ゾロアスター教が国教に）

5～8世紀＝ゾロアスター教ズルヴァーン主義の時代

時間神ズルヴァーン ─┬→ 善神オフルマズド（アフラ・マズダー）
　　　　　　　　　　│　　　×
　　　　　　　　　　└→ 悪神アフレマン（アンラ・マンユ）

↓（651年にサーサーン王朝滅亡。イスラーム教徒による征服）

9世紀～＝二元論的ゾロアスター教の時代

善神オフルマズド（本来は最高神アフラ・マズダー）
　　×
悪神アフレマン（本来は悪霊アンラ・マンユ）

図表14　ゾロアスター教思想の3段階

五世紀になると、キリスト教の東進を阻むべくはじめて明確な教義が案出されるが、そこでは時間神ズルヴァーンの下で、善神オフルマズド（アフラ・マズダー）と悪神アフレマン（アンラ・マンユ）が対決するという図式が編み出された。アフラ・マズダー視点で見れば、最高神から降格して、本来は下位神格だったはずのアンラ・マンユと直接対決することになったわけである。

そして、九～一〇世紀になると、今度はズルヴァーンが消滅することで最高神という概念自体が失われ、アフラ・マズダーとアンラ・マンユが対等の立場で対決する完全二元論へと移行する。すなわち、ゾロアスター教思想は絶えず歴史的に生成されつづけた産物であり、五世紀のズルヴァーン主義も九〜一〇世紀の二元論も、教祖の段階から見ればそれなりに距離のある思想に生まれ変わっていると言える。

ゾロアスター教徒が置かれた環境

九世紀にゾロアスター教ズルヴァーン主義が二元論へ変容した原因は何だったのだろうか？　ゼーナーやボイスのように、これをゾロアスター教内部の自律的な思想交代とみなすには、あまりにも振れ幅が大き過ぎる。やはり、外部からの影響を考えざるをえないだろう。

最高神観念は後回しにして、現世観の変化の方から見ていこう。ゾロアスター教ズルヴァーン主義は、最高神格が善悪とも倫理とも無縁な無限時間であることを信じる宇宙論の点では、きわめて虚無的である。しかし、善神と悪神の闘争自体は開戦早々に決着がつき、あとは悪神が撒き散らした悪の要素を除染するだけで事足りるとする現世観の点では、著しく楽観的である。これに対して、ゾロアスター教二元論は、善と悪がほぼ対等な立場で争うという宇宙論は闘争的で、そのなかに生きる人間には絶えざる緊張を強いる。

しかも、現在は善神が悪神に支配権を譲り渡してしまっているとする現世観の点では、ひどく悲観的である。彼らの頭のなかでは、現世でアフレマンたちがうようよと徘徊していることになっているらしい。

とすると、両方の教えにおける現世観の差は、そのままゾロアスター教徒が置かれた政治的・社会的な環境の差に起因しているのではないだろうか。サーサーン王朝華やかなりし五〜七世紀には、ゾロアスター教は国教としての特権を享受し、すでに悪は撃滅されたものと得心していられた。現に初期のサーサーン王朝皇帝たちのレリーフでは、オフルマズドは馬でアフレマンを踏み潰し、皇帝は政治的敵対者たちを踏み潰している状況が頻繁に表明されている。ペルシア帝国の安寧が、ゾロアスター教ズルヴァーン主義の楽観論を支える具体的根拠である。しかし、政治状況が一変してペルシア帝国が倒れ、アラブ人イスラーム教徒の下で改宗が進むようになると、最早そのような楽観論を容れる余地はない。現世に対する絶望感が広がり、その結果として、九世紀以降は善悪の闘争が進行中であるとする二元論が受容される余地が拓けたように感じられる。

最後に、最高神観念が消滅して二神論に転じた理由である。過渡期の内部資料がない以上正確なことはわからないが、推測するならば、イスラームの唯一神観念に対抗するために、あえてそれに該当しそうなズルヴァーンを除去して、オフルマズドとアフレマンを立てた可能性がある。いわば、唯一神教対二元論という教義的な差異を際立たせることで、「聖書ストーリー」への吸収を逃れようとする対抗措置だったとの理解である。また、何の最高神もなく光と闇が対等の立場で戦うタイプの二元論は、この地域で先行する宗教のなかでは唯一、マーニー教に見られるものである。あくまで推測であるが、二元論的ゾロアスター教の教義形成の背景に、マーニー教の影響があった可能性も見逃せない。これらはすべて、今後の研究課題である。

第四章　ミトラ信仰とアルメニア正統使徒教会
——四〜五世紀のアルメニア

1　ミトラ信仰の聖地アルメニア

「聖書ストーリー」と東方の土着宗教

第一章と第二章では、メソポタミアという東方にありつつも、パレスティナ発の聖書ストーリーに積極的に関わり、その解釈をめぐる論争に参加したマンダ教とマーニー教に焦点を合わせた。これらは、「聖書ストーリー」内部の宗教に分類される。つづく第三章では、「聖書ストーリー」に無関心であるかのようにイラン高原に屹立《きつりつ》していたインド・イラン系の宗教の一種、ゾロアスター教ズルヴァーン主義を取り上げた。而して、この第四章では、東方における土着宗教のもう一つの核であるアルメニアのミトラ信仰を概観したい。

第三章で触れたように、メソポタミア以東のインド・イラン系宗教がそのまま――マーニー教のように「聖書ストーリー」がふたたび西に戻ったというかたちではなく――地中海世界に伝播したケースが一回だけある。それは、予想に反してペルシア帝国の国教だったゾロアスター教ズルヴァーン主義ではなく、アルメニア〜小アジアというインド・イラ

地図6　アルメニアと周辺諸国

ン世界の最西端で形成されたミトラ信仰（古代インドでの発音。古代イランではミスラ、中世イランとアルメニアではミフル、ギリシア語・ラテン語ではミトラスだが、本稿ではもっとも一般的なミトラで統一する）の方である。

この信仰が活発な西進運動をおこない、ついにはどこでどう変質したか、地中海世界でミトラ教と呼ばれる一個の密儀宗教を形成した。本章ではその原型となったミトラ信仰を取り上げ、一旦は地中海世界へ拡大してローマ帝国を席巻しつつも、古代末期には発祥の地（と思われる）アルメニアまで押し戻されて、ついには「聖書ストーリー」の波に併呑されて滅びてゆく過程を扱いたい。

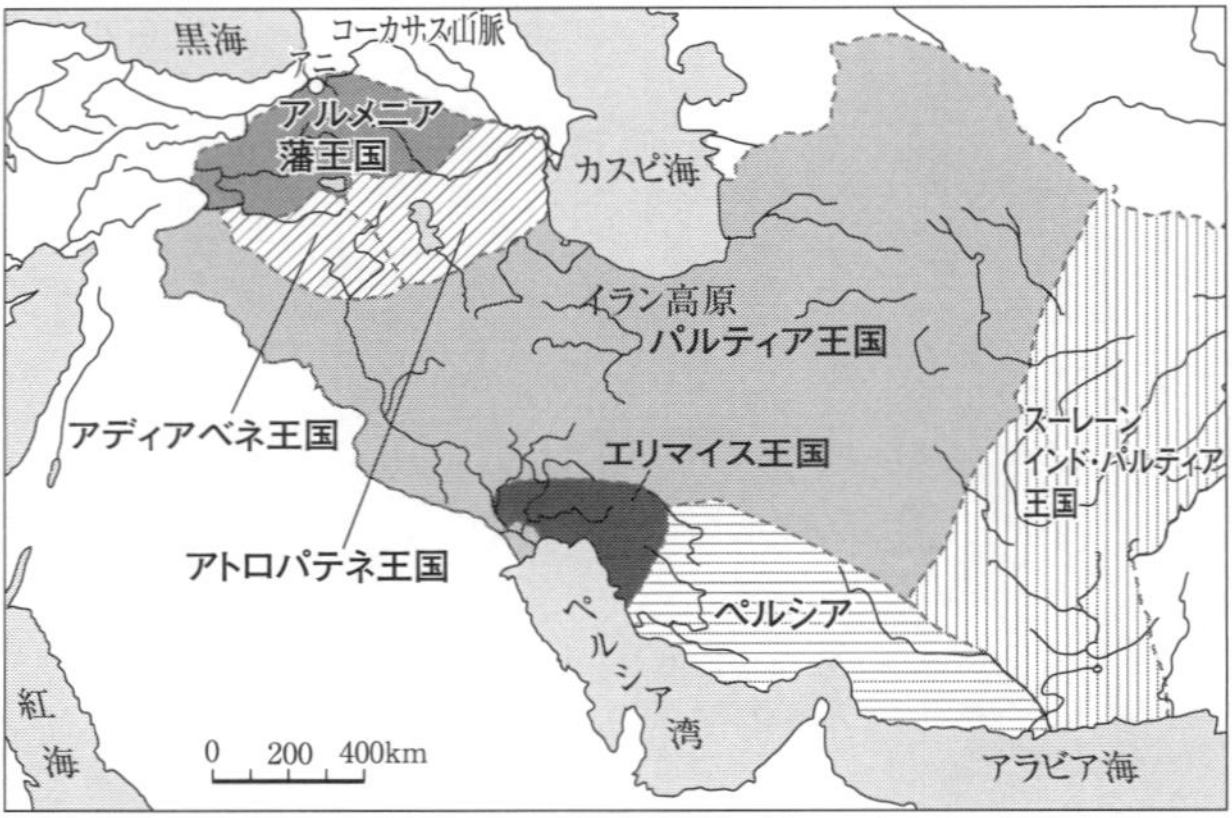

地図７　パルティア王国とアルメニア藩王国

アルメニアの文化と言語

本章で取り上げるアルメニアとは、地理的に言えばイラン高原の西端がコーカサス山脈の南麓と交わり、複雑な山岳地形を織り成す地域である。「東方」のなかではメソポタミアと並んで、地中海世界との交流がより密接だった。インド・ヨーロッパ語族に属するアルメニア人がここに住み着いたのは、紀元前六世紀のこととされる。彼らがどこから移動してきたのか、正確にはわからない。現在のアルメニア共和国の面積は岩手県と秋田県を併せた程度の渺《びょう》とした小国だが、本来アルメニア人が住み着いた地域はもう少し広かったらしい。このアルメニア人は、定住以来、政治的・文化的には一貫してイラン高原の勢力——最初はペルシア人（ハカーマニシュ王朝）、つぎにはパルティア人、最後にもう一度ペルシア人（サーサーン王朝）――の強い影響下にあった。

「古代の東方」は記録に乏しく、これを探るのは無明長夜《むみょうじょうや》を彷徨うようなものなのだが、五六年にパルティア皇帝の分家をアルメニア王として送り込み、アルメニアを藩王国としたあたりから、次第にアルメニア史の輪郭がはっきりしはじめる。この文化流入の際に、アルメニア語にはイラン語（正確にはそのパルティア方言）の語彙が大量に入り込んでしまい、最初にアルメニア語を研究したヨーロッパの学者たちはアルメニア語をイラン語の方言と勘違いして、インド・ヨーロッパ語族のなかのイラン語派に分類する始末であった。この誤解が修正されたのは、シュトラスブルク大学のイラン学教授だったハインリヒ・ヒュプシュマン（一八四八〜一九〇八年）が名著『アルメニア語研究』（Hübschmann, *Armenische Studien: Grundzüge der armenischen Etymologie*, 1883）を公表し、アルメニア語は印欧語族のなかで独立した一派であること、したがってイラン文化の強い影響を蒙りつつも、れっきとした独立の文化を持っていることを解明して以降である。

アルメニアのミトラ信仰

アルメニア藩王国は、パルティア王国が二二四年にサーサーン王朝に滅ぼされた後も、サーサーン家の宗主権の下で四二八年までアルメニアを支配した。この合計三七二年間も存続したパルティア系の王家のおかげで、アルメニアにはいよいよイラン文化の影響が大きくおよび、イラン本国よりもかえって蒼古としたイラン文化の淵叢《えんそう》の観を呈した。

聖都アニやバヴァンにはアラマズド（アフラ・マズダー）、ミスラ（ミトラ）、ヴァハグン（ウルスラグナ）、アナヒト（アナーヒター）など――アルメニア語には長母音がないので、かなり寸詰まりの神名に変化している――の神殿が建ち並んだとされる。このうち、ヴァハグンはヴァン湖の底に沈んでいる得体の知れない水棲動物――普通は竜だと考えられているものの、アルメニア人が移住してくる以前から恐れられていた水中の怪物らしい――を退治した英雄であり、アナヒトは偶像崇拝や神殿売春を斡旋する女神である。

そして、それらのイラン系の神々のなかでももっともアルメニア王家に好まれたのが、ミスラ（ミトラ）であった。彼は古代イラン人のあいだでは相当崇拝された神格だったが、ザラスシュトラの宗教改革の結果、ゾロアスター教のなかでは六大天使のうちにも入れてもらえないほどに零落していた。しかし、ゾロアスター教の影響が必ずしもおよばないアルメニアや小アジアなど西方では、その人気を順調に維持していたらしく、今も蒼穹《そうきゅう》を背景にガルニの丘に聳《そび》える神殿は、彼に捧げて建立されたものとされる。これは、オリエント世界で現在確認される唯一のミトラ神殿遺構として、ミトラ教研究上は非常な重要性を持っている。但し、ヘレニズム風の神殿の写真を見ると、大急ぎでこれが太古の昔からの建造物だと信じそうになるが、残念ながら現在建っている神殿は近代に再建されたものだそうである。このようにミトラがアルメニアに根づいていたので、ハーヴァード大学のイラン学・アルメニア学教授であるジェームズ・ラッセル（一九五三年〜）は、今後のミトラ教研究にはインド・イラン学に加えてアルメニア学の素養が欠かせないと、かなりの希望を込めて主張している（Russell, "Pre-Christian Armenian Religion," 1990; "On the Armeno-Iranian Roots of Mithraism," 1994）。

写真４　ガルニのミトラ神殿

ただ、イランは地中海世界にくらべると、独自の文字文化に親しむのが極端に遅かったので、当時のアルメニアでは文字が発達せず、その最盛期の実態が同時代のアルメニア語文献から直ちにわかるという性質のものではない。アルメニア文化の開発自体、キリスト教布教の目的でなされており、古典アルメニア語文献といえば、キリスト教の信仰篤い「神学修士（ヴァルダペト）」の称号を持つ聖職者たちが五世紀以降に著したキリスト教文献に限定されるのである。その結果、ミトラ教研究のために、汎用性の必ずしも高くない古典アルメニア語を苦心して修得すると、期待に反して反ミトラ教文献ばかりに行き当たる悲劇に見舞われることになる。

例えば、アガタンゲロス（五世紀？）がアルメニア語歴史書で描くところの王は、軍隊を率いて、異教の神殿（メヘアン）に棲む悪魔をつぎつぎに攻略する。また、ファウストス・ブザンド（五世紀）は、異教の信仰に逆戻りした豪族たちとキリスト教の信仰の守護者である王との戦争を描く。洵《まこと》に残念ながら、この勧善懲悪ストーリーのなかの「異教」がどうやらミトラ信仰に当たるようで、反キリスト教の邪教としての側面が強調されている分だけ、外部資料としての限界は拭えない（浜田華練「アルメニアキリスト教文献に見る『罪』としての『異教』」二〇一二年）。

2　ローマ帝国のミトラ教へ

アルメニアから地中海世界へ

アルメニアから小アジア一帯で熟成されたミトラ信仰は、乏しい遺跡資料と外部資料を組み合わせてみると、王権の篤い崇拝を集め、各地の豪族たちもこれに準じた「貴族の宗教」だったようである。その信仰形態は、開放的なガルニ神殿に象徴されるように晏然《あんぜん》としたもので、ほとんど拝火儀礼をやっていたかどうかさえわからない。少なくとも、ミトラを祀る地下室や洞窟の遺跡は発掘されていないから、その種の空間で密儀を凝らすという習慣があったとは言えない。

写真５　ローマ帝国におけるミトラ教彫刻

このミトラ信仰は、誰かが遠大な志や綿密な布教計画を立てたというわけでもなく、紀元前後の頃からこの地方に出没するようになったローマ軍兵士や海賊などを通じて、自然と地中海世界へ流入したらしい。同じようなチャンスは、キュベレ信仰やバアル信仰など他の東方系の神々にも均等に与えられていたはずなのだが、不思議にもミトラ信仰だけはローマ帝国内で肥大化し、それとともに特異な密儀宗教としての儀式も整えた。すなわち、地上の神殿の代わりに、地下に密室を掘って男だけで寄り集まり、短剣で牛を屠って再生を経験するという風変わりな儀式である。

ローマ帝国での拡大と終焉

ミトラ信仰は、一つの神格を集中的に崇める点では、ユダヤ教やキリスト教に類似した点がないわけではない。また、それを生み出した民族（この場合はイラン人）からは遠く離れて、他民族へ伝播していく点では、「聖書ストーリー」が拡大してゆく先駆けのようにも見える。

しかし、当時のゾロアスター教にまだまだ確定的な教義がなかったように、ミトラ信仰にはなおさら、「聖書ストーリー」に匹敵するような物語はなかったと考える方が自然である。冬至に牛を殺戮して世界の再生を図る儀式は、太古の昔にインド・イラン人が牧畜生活をしていた頃の名残ではあっても、決して全人類の罪を贖うようなヴィジョンに即したものではない。残念ながら、密儀宗教としてのミトラ教は、地中海世界でキリスト教が拡大しはじめる三〇〇年代になると急速に勢力を失い、キリスト教の最大のライバルの座をマーニー教――何度も言うが、本人たちの主観では「真のキリスト教」――に明け渡して、地中海世界からは姿を消していった。

3　アルメニア正統使徒教会が成立したとき

キリスト教とマーニー教のアルメニア伝道

アルメニア本国に目を移すと、ミトラ信仰を地中海世界に輸出するのと入れ替わりのようにして、一世紀頃からパレスティナ発の「聖書ストーリー」が押し寄せてくる。すなわち、キリスト教の伝説によれば、イエスの一二使徒の一人バル・トロマイと七〇使徒の一人タダイがアルメニアを訪れ、アルメニア王の娘の病気を治癒する奇跡を示して、王にキリスト教への改宗を促したという。この伝承が正しいかどうかは神のみぞ知るだろうが、アルメニアのキリスト教徒にとっては、使徒による伝道は疑う余地のない歴史的真実である。彼らはこれを大層誇りに思い、彼らの独立教会を「アルメニア正統使徒教会」と命名している。

また、マーニー教ソグド語史料によれば、二五〇年代にはマーニーの一二使徒の一人であるマール・ガブリヤーブがエレバンに現れ、バル・トロマイやタダイとそっくり同じようにアルメニア王の娘の病気を治して、王にマーニー教への改宗を勧めたとされる(Russell, “A Manichaean Apostolic Mission to Armenia?” 1998)。キリスト教もマーニー教も、熱烈と言うほかはない。アルメニアがマーニー教を国教にしていたら、きっと「マール・ガブリヤーブ使徒教会」と名乗っていただろう。

アルメニアからしてみると、メソポタミアからも、似たような「聖書ストーリー」が別の解釈を携えて押し寄せてきたわけで、土着のミトラ信仰の側からリアクションがあってもよさそうなのだが、そんなものは記録されていない。ミトラ信仰などはこの段階では死に体になっており、どちらかの「聖書ストーリー」によって征服されるべき客体に過ぎなかったようである。マーニー教伝道譚にしたがって見ても、王の宮廷にいたキリスト教徒とのあいだでトラブルになり、マール・ガブリヤーブがマーニー教の正しさを証したとされるだけで、ミトラ信仰の信者の反撃の話などは何処にも出てこない。

ちなみに、勇ましくアルメニアに出かけたマール・ガブリヤーブであったが、二七七年にマーニーが殉教した後でメソポタミアに引き返し、別の弟子と愚劣な後継者争いを演じた。その結果かどうかわからないが、マーニー教はアルメニア国内に確固とした地盤を築くにはいたらず、ほとんど痕跡を残さないまま消え失せている。

キリスト教伝道の武器＝アルメニア文字

三〇一年には、とうとう光明者グリゴル（三三一年没）が、パルティア系のアルメニア王に先祖伝来のミトラ信仰を捨てさせ、キリスト教をアルメニアの国教とすることに成功した。同時に、彼がアルメニア正統使徒教会の初代カトリコス（首座主教）に就任している。言うまでもなく、コンスタンティヌス大帝によるキリスト教公認（三一三年）や、テオドシウス一世によるキリスト教のローマ帝国国教化（三九二年）に先立つ、世界初のキリスト教の国教採用であった。

THE ARMENIAN ALPHABET

Ա	ա	aip	Մ	մ	men
Բ	բ	pen	Յ	յ	he
Գ	գ	kim	Ն	ն	noo
Դ	դ	tah	Շ	շ	shah
Ե	ե	yech	Ո	ո	vo
Զ	զ	zah	Չ	չ	chah
Է	է	ai	Պ	պ	bay
Ը	ը	yet	Ջ	ջ	chay
Թ	թ	to	Ռ	ռ	rrah
Ժ	ժ	zhay	Ս	ս	say
Ի	ի	ini	Վ	վ	vev
Լ	լ	lune	Տ	տ	dune
Խ	խ	kh	Ր	ր	ray
Ծ	ծ	dzah	Ց	ց	tso
Կ	կ	ghen	Ւ	ւ	hune
Հ	հ	ho	Փ	փ	pure
Ձ	ձ	tsah	Ք	ք	kay
Ղ	ղ	ghad	Օ	օ	o
Ճ	ճ	jay	Ֆ	ֆ	fay

図表15　アルメニア文字一覧表

四〇四年には、学者聖人メスロプ・マシュトツ（四四〇年没）によって考案されたと伝わるアルメニア文字が、キリスト教伝道の大きな武器になった。シリア文字やパフラヴィー文字が「右→左」と書くのに対し、アルメニア文字はギリシア文字と同じく「左

↓右」と書くので、この文字が後者の影響下に考案されたことは疑いを容れない。イラン高原の方では、まだまだ文字利用そのものが一般化しておらず、パフラヴィー語文献の大量執筆は九〜一〇世紀にならないと不可能だったのだが、この発明によって、アルメニアは五世紀の段階で早くもかなりの量の文献を残すことができるようになった（Russell, "On the Origins and Invention of the Armenian Script," 1994）。知的活力の点では、地中海世界とインド・イラン世界の差が徐々に拡大し、それが宗教的伝道の面にまで反映した状況を垣間見ることができる。

「復帰」を迫るサーサーン王朝

だが、少なくとも政治的には、アルメニア藩王国は依然としてサーサーン王朝ペルシア帝国の属国である。アルメニアのキリスト教化は、藩王国が敵国ローマ帝国の文化に染まっていく過程に他ならなかったので、サーサーン王朝としては看過できなかった。四二八年には、大宰相ミフル・ナルセフの指揮下でアルメニアへの軍事侵攻に踏み切り、三七二年間存続したパルティア系王室を廃して、アルメニアを直接統治下に置いた。この際、珍しいことに大宰相自らパフラヴィー語で『ゾロアスター教改宗勅令』を執筆し、アルメニア人にイラン高原の文化への回帰を促したとされる。

しかし、イラン高原の宗教事情も三世紀を境にすっかり変わっており、パルティア時代のミトラ信仰はサーサーン王朝が奨めるゾロアスター教ズルヴァーン主義に置き換わっていた。そして、大宰相ミフル・ナルセフが未熟なパフラヴィー語で一生懸命書いた改宗勅令は、後者への「復帰」を呼び掛ける内容であった。アルメニア人としては、ミトラ信仰への「復帰」なら考え直したかもしれないが、見ず知らずのゾロアスター教ズルヴァーン主義への「復帰」は、およそ考慮の埒外だったにちがいない。

この頃、サーサーン王朝がいかに激しくアルメニア人キリスト教徒に対してゾロアスター教ズルヴァーン主義への「復帰」――ではなく「改宗」――を迫ったかは、一九六五年にアルメニアの聖地エチミアジンの原始キリスト教教会内部で、パフラヴィー語の銘文の施された拝火壇が発見されたことからも明らかにされている。これが、四〇〇年代中葉にサーサーン王朝の占領軍が、原始キリスト教教会を拝火神殿に改修した際の動かぬ証拠だと考えられている (Russell,"A Pahlavi Fragment from Holy Echmiadzin, Armenia," 1986)。

非カルケドン派への道

だが、この頃までにキリスト教の信仰篤くなったアルメニア人にとって、このような「復帰」の強制は民族のアイデンティティーの危機と受け止められたらしく、アルメニア人豪族を中心に執拗に抵抗運動がつづけられた。しかも、ペルシア帝国にとってははなはだ間が悪いことに、ちょうどこの頃にアルメニア文字の運用が一般化し、各地の「神学修士」たちがキリスト教アルメニア語文献を執筆しはじめた時期と重なった。キリスト教アルメニア語文学は、そもそもの最初から、眼前で展開されるペルシア帝国の占領軍とゾロアスター教ズルヴァーン主義に対する抵抗の文学として出発したのである。

この構図のなかで、ペルシア帝国軍とゾロアスター教は不幸にも悪玉の役割を割り振られ、各地で抵抗する豪族たちは——実際はどうであれ——キリスト教のために戦う戦士として英雄化された。かつてのインド・イラン文化の西端は、完全に地中海文化の東端に変質してしまったのである。その結果、奔命に疲れたペルシア帝国はアルメニアでの宗教寛容令に同意し、四八四年には『改宗勅令』を撤回するにいたっている。もちろん、ゾロアスター教ズルヴァーン主義に改宗した奇特なアルメニア人など、ほとんどいなかったと想像される。

但し、アルメニア正統使徒教会の方も、五六年間もペルシア帝国軍と内戦状態に陥っていた代償は大きかった。というのも、ペルシア帝国軍進駐のさなかの四五一年に開かれたカルケドン公会議に代表を派遣できず、彼らのキリスト教教義は自動的に単性論派に分類されてしまったのである。アルメニア正統使徒教会側にも、モヴセス・ホレナツィが現れ

	地中海世界からの影響	イランからの影響
1世紀〜	――	パルティア系王室によって**ミトラ信仰**が導入される。
〜3世紀	シリア、ついでギリシアから伝道によって**キリスト教、マーニー教**が導入される。	――
4世紀〜	301年にキリスト教を国教に採用。**アルメニア正統使徒教会**が成立。	――
5世紀	404年にアルメニア文字を開発し、文献作成能力を身につける。451年のカルケドン公会議に出席できず。自動的に**単性論派**に分類され、キリスト教の非主流派に。	ペルシア帝国から軍事力によって**ゾロアスター教ズルヴァーン主義**が強制される→484年に撤退。

図表16　1〜5世紀のアルメニア宗教の4層構造

て、ノアの箱舟はアルメニア藩王国内のアララト山に流れ着いたもので、アルメニアは「聖書ストーリー」のなかで主要な役割を果たす運命にあったとする論陣を張ってみたものの、多勢に無勢であった。これ以降、アルメニアのキリスト教は、「聖書ストーリー」として最初に東方に伝播した栄光を担うにもかかわらず、ローマ・カトリック教会、ギリシア正教会からは異端視される非カルケドン派教会に転落した。

五世紀後半にいたって、アルメニアのキリスト教化は揺るぎないものとなった。ここにおいて、「聖書ストーリー」はメソポタミア以東の一角に足場を固め、「東方の土着宗教」を駆逐する第一歩を踏み出したのである。

だが、地中海世界との関係から見れば、アルメニア正統使徒教会自体がいつのまにか西方のキリスト教教会の主流から外れ、単性論派に分類される異端的な立場に置かれていた。いわば、五世紀のアルメニアには、図表16のような四層構造が見られるのである。

キリスト教アルメニア語文学におけるミトラ信仰の習合

このなかで、唯一文字文化に通暁していたアルメニア正統使徒教会の学者たちは、ミトラ信仰とゾロアスター教ズルヴァーン主義に対抗するために、多くのアルメニア語文献を執筆した。而して、現在知られている範囲では、直接の軍事的脅威となったゾロアスター教ズルヴァーン主義に対しては直接の反駁で応じているのに対し、すでに民間信仰化していたミトラ信仰に対しては、むしろキリスト教への習合を図っている。すなわち、アルメニアでは異教の神殿をメヘアン（ミトラの変化形）と呼び、奇岩や洞窟をムヘル（ミトラの変化形）と呼ぶなど、ミトラ信仰の痕跡は比較的保存されている。

その例は、やや時代が下った聖ナルセス・フライェツィ（一一七三年没）の詩に見られる。三世紀以前のアルメニアでは、ミトラ神は岩から誕生したとされ、奇岩から泉が湧いている光景への信仰がそのままミトラ信仰を意味していた。而して、聖ナルセスの『神の子・イエス』と題した詩においては、奇岩からの湧水が、そのまま十字架上のイエスの脇腹からの出血とみなされ、人類すべての罪の贖いの象徴とされている。

崩れるマナ（『旧約聖書』でモーセが得た天与の食糧）がある。
それを食べた者は死ぬ。
ここに汝（イエス）の天的な身体がある。
それは味わった者に生命を与える。
彼らは岩から生まれる水を飲む。
そして、私は、汝岩よ、汝の脇からの血である。

ミトラは、五世紀にアルメニア語キリスト教文学が成立した段階では無力化されていたのか、ザラスシュトラのように「聖書ストーリー」のサブストーリー化することはなかった。ただ、アルメニアの民間信仰レベルで、ひっそりと生き延びることには成功しているようである。

第五章　イスラームにおけるグノーシス主義の復活
——八～一〇世紀のメソポタミア

1　イスマーイール派の成立

「第四の聖書ストーリー」の登場

第四章まで述べてきたように、「聖書ストーリー」はメソポタミアでグノーシス主義的解釈を生み出したものの、結局は地中海世界の『旧約聖書』＋『新約聖書』型の理解が主流を占め、原始教会に指導されたタイプのキリスト教が東方に進出してきた。東方から見れば、土着のアーリア人の諸宗教——ミトラ信仰やゾロアスター教——が「聖書ストーリー」に吸収されつつあったうえに、東方特有のグノーシス主義的「聖書ストーリー」解釈——マンダ教やマーニー教——まで否定されてしまい、二重の意味で地中海世界の宗教思想に圧倒されたことになる。

それでも七世紀にいたるまでは、ペルシア帝国の国教となったゾロアスター教ズルヴァーン主義が抑止力として機能していたのだが、ネストリウス派など東方キリスト教教会の伝道は帝国内に徐々に浸透し、アルメニア藩王国につづいてペルシア帝国も「聖書ストーリー」に席巻されるのは時間の問題かと思われた。しかし、ペルシア帝国の支配領域への

「聖書ストーリー」の浸透は、最終的にはキリスト教教会の伝道ではなく、アラビア半島の僻隅から興ったアラブ人イスラーム教徒による軍事的な征服として達成された。いわば、東進してくる「聖書ストーリー」の主体が、七世紀に突如として切り替わったのである。

このイスラームとは、教義の基本的な部分はユダヤ教・キリスト教に由来し、『クルアーン』とムハンマドの事績（ハディース）をそこに追加しただけのきわめてシンプルな構成を持っている。いわば、「第三の聖書ストーリー」であるマーニー教が、あらんかぎりの創造的想像力を駆使して複雑な天上世界の神話的ストーリーを編み出した知的でラディカルな宗教だったのに対し、「第四の聖書ストーリー」であるイスラームは、既存の聖書ストーリーの末尾に『クルアーン』を接続したきわめて保守的な宗教として立ち現れたのである。

グノーシス主義の復活とゾロアスター教の吸収

その保守的な「聖書ストーリー」が七世紀に東方を覆った後、この地域では二つの宗教的プロセスが同時並行的に進むことになった。一つはメソポタミアで、とっくに消滅したと思われていたグノーシス主義的な思想がイスラーム内部の異端運動のかたちを取って台頭し、八世紀以降に「イスラームのグノーシス主義」として復活するプロセスである。もう一つはイランで、土着のアーリア人の諸宗教に対して敵対的だったキリスト教の姿勢を緩和して、ゾロアスター教に宥和的なスタンスを取り、一〇世紀以降急速に「聖書ストーリー」に取り込んでいくプロセスである。

仮にキリスト教の東進がつづいていたら、東方でグノーシス主義的な発想がもう一度表面化することは、おそらくありえなかっただろう。キリスト教教会の伝統とは断絶し、それでいて「聖書ストーリー」の枠組みのなかには含まれているイスラームの支配下だからこその、グノーシス主義の復権であった。また、アーリア人の諸宗教に対するキリスト教の敵対的な攻撃も止まず、彼らの吸収はもっと遅れたものと思われる。これも、当時は他宗教に対して寛大だったイスラームによってこそ成し遂げられた結果である。そのような意味では、グノーシス主義の復活とゾロアスター教の吸収という二つの宗教的プロセスは、ともにイスラームが齎した現象と言えそうである。

以下、本章では時代的に先行するグノーシス主義の復活を扱い、第六章ではイスラームによるゾロアスター教の吸収を概観しよう。

グノーシス主義と初期イスマーイール派思想の接点

二〇世紀後半以降のイスラーム思想研究者のあいだでは、二〜三世紀のグノーシス主義の思想構造と、九〜一〇世紀の初期イスマーイール派の思想構造（その詳細については第二節で述べる）が強い親和性を持っていることは、周知の事実であった。そうである以上、比較思想的な研究から一歩踏み込んで、両者を歴史的に接続し、イスラーム以前とイスラーム以後の東方の宗教思想史を連続的に捉えることは、イスラーム思想研究の一つの夢となっていた。

しかし、研究者にとって利用可能な史料は、どちらの極を見てもじつに乏しいものでしかない。まず東方のグノーシス主義であるが、二〜三世紀にマンダ教とマーニー教の足跡が途絶えて以降、メソポタミアにおけるグノーシス主義諸派の歴史は杳《よう》として知れなくなる。マンダ教は現代まで存続しているし、マーニー教も一〇世紀まではメソポタミアで確認されるのだから、他にもグノーシス主義の残党が残っていただろうと推測されるだけである。四〜七世紀のメソポタミアはペルシア帝国の首都圏を形成していたにもかかわらず、史料がほとんど残っていないために、研究上の空白地帯と化しているのである。また、イスマーイール派自体も政治的な地下活動としてはじまったので、それに類い稀な成功を収めた一〇世紀以降ならばともかく、初期の活動にかんする史料はほとんど残されていない。

したがって、よほど大量に新出史料が出現しないかぎり、実証的な研究で両者を結ぶのは不可能である。このことを念頭に置いたうえで、以下ではシーア派運動の発端から、やがてメソポタミアで過激シーア派が台頭して、最終的にイスマーイール派が析出される過程を概観したい。そのうえで、初期イスマーイール派思想とグノーシス主義とにどのような接点が「想定」されているかを明らかにしよう。

政治的シーア派から宗教的シーア派へ

イスマーイール派とは、預言者ムハンマドの従弟アリー・イブン・アビー・ターリブの子孫に、イスラーム世界の指導者の地位――イマーム位――の世襲を認めるシーア派運動の一派である。彼らの主張によれば、預言者ムハンマドは六三二年にガディール・フムの泉において、自らの後継者としてアリーを指名した。本来のシーア派運動とは、これを根拠に初期イスラーム共同体の政治的な主導権争いにおいてアリーを支持する集団（シーア・アリー）であったのだが、六六一年のウマイヤ王朝成立に際して敗れ、七五〇年のアッバース王朝成立の時にも敗れてしまい、一向に政権にありつけないので、いつしかアリー家に継承されるイマーム位の意味も「霊的な指導者」へと変質していった。

若干負け惜しみとも感じられるシーア派の理論にしたがえば、「聖書ストーリー」のなかに登場する預言者たちはそれぞれ聖法を齎したが、彼らの周囲には、聖法の表面的な意味（ザーヒル）だけでなく、内的な秘義（バーティン）を明らかにするための「黙示者」が寄り添っていた。アダムには次子アベル、ノアには長子セム、アブラハムには庶長子イシュマエル（イスマーイール）、モーセには兄アーロン、イエスには――これだけはまったく血縁関係のない――ペテロ、そして、預言者ムハンマドには従弟で娘婿のアリー・イブン・アビー・ターリブである。

イスラーム的観点からは、最後の聖法シャリーアを齎したとされているムハンマドの死後は、もう新たな預言者が出現して新しい聖法が告知される可能性はない。そこで、代わりに「黙示者」の役割が延長され、アリーの子孫に父子相伝された。これが、ウマイヤ家やアッバース家が獲得した「世俗の政治的指導者」の地位――預言者の代理人として「カリフ位」と呼ばれる――をはるかに超越した、アリー家の「イマーム位」の真の意味なのである。……もちろん、政治的敗者であるアリー家として本音を言えば、「黙示者」としてのイマーム位に加えて、世俗的なカリフ位も兼ねられれば、それに越したことはなかったのだろうが。

この事態を「聖書ストーリー」から見ると、『旧約聖書』や『新約聖書』ではまったく想定されていなかった「預言者と一対の黙示者＝イマーム」という役割が降って湧き、まったく身に覚えがないであろうアベルやセム、イシュマエルたちに当てはめられたことになる。しかも、彼らに比肩するとされたアリーとその子孫の正統イマームたちには、ムハンマド後の聖書ストーリーの展開をある程度自由に裁量する余地まで生じた。無論、建前としては正統イマームにその権利があることになっているものの、実際には彼らの名において誰でも「聖書ストーリー」を再解釈する余地が生じたのである。それを許容するのはイスラーム教徒全体ではなく、アリーの子孫の神聖性を認めるシーア派だけであるにせよ、これは重大な事態であった。いわば、二〜三世紀のグノーシス主義者が使徒たちの名を用いて新たな『黙示録』や『福音書』を執筆し、挙句に「イエス・キリストの使徒」と称する者まで出現したように、今度は正統イマームの口を借りて「聖書ストーリー」の新解釈が続出する可能性が生じたのである。

これが、本来は政治的な動機にもとづいたシーア派運動が、時を経るうちに宗教的な運動を内包していった契機である。

過激シーア派諸派とメソポタミアの思想風土

このような一種のパンドラの箱がイスラームの宗教体系のなかに埋め込まれただけでも大問題だったが、彼らの活動の中心地がアリー以来のシーア派の支持基盤であるメソポタミアに置かれていたことが、問題をさらに複雑にした。「正統イマーム」が述べた（ことにされている）「聖書ストーリー」の新解釈が、どう見ても二〜三世紀にメソポタミアで栄えたグノーシス主義に酷似した色調を帯びてきたのである。

このような初期の逸脱的なシーア派運動を、イスラーム思想研究上は「過激シーア派（グラート）」と称している（Halm, *Die islamiche Gnosis: Die extreme Schia und die 'Alawiten*, 1982; Moosa, *Extremist Shiites: The Ghulat Sects*, 1987 参照）。「過激派」と言っても、シーア派諸派のなかで最終的に生き残った一二イマーム派のウラマーたちが、「シーア派として過激な主張をする人びと」と弾劾の意を込めて他称しただけで、近現代のイスラーム原理主義者たちのような「過激派」とはおよそ趣を異にする人びとである。

グノーシス主義と過激シーア派の結合が文献上で明確になってくるのが、およそ八世紀前半、図表17に示したイマームの代数で言えば、第五代イマーム・ムハンマド・バーキル（七三二年没）と第六代イマーム・ジャアファル・サーディク（七六五年没）の頃である。当時の過激シーア派の内部資料は、じつのところ二冊しか残っていない。それ以外は、一二イマーム派のウラマーたちによる分派学の書物しかなく、どこまで信頼してよいかわからない外部資料である。

内部資料の第一は、ムハンマド・バーキルの側近アブー・アル・ハッターブ（七四九〜七

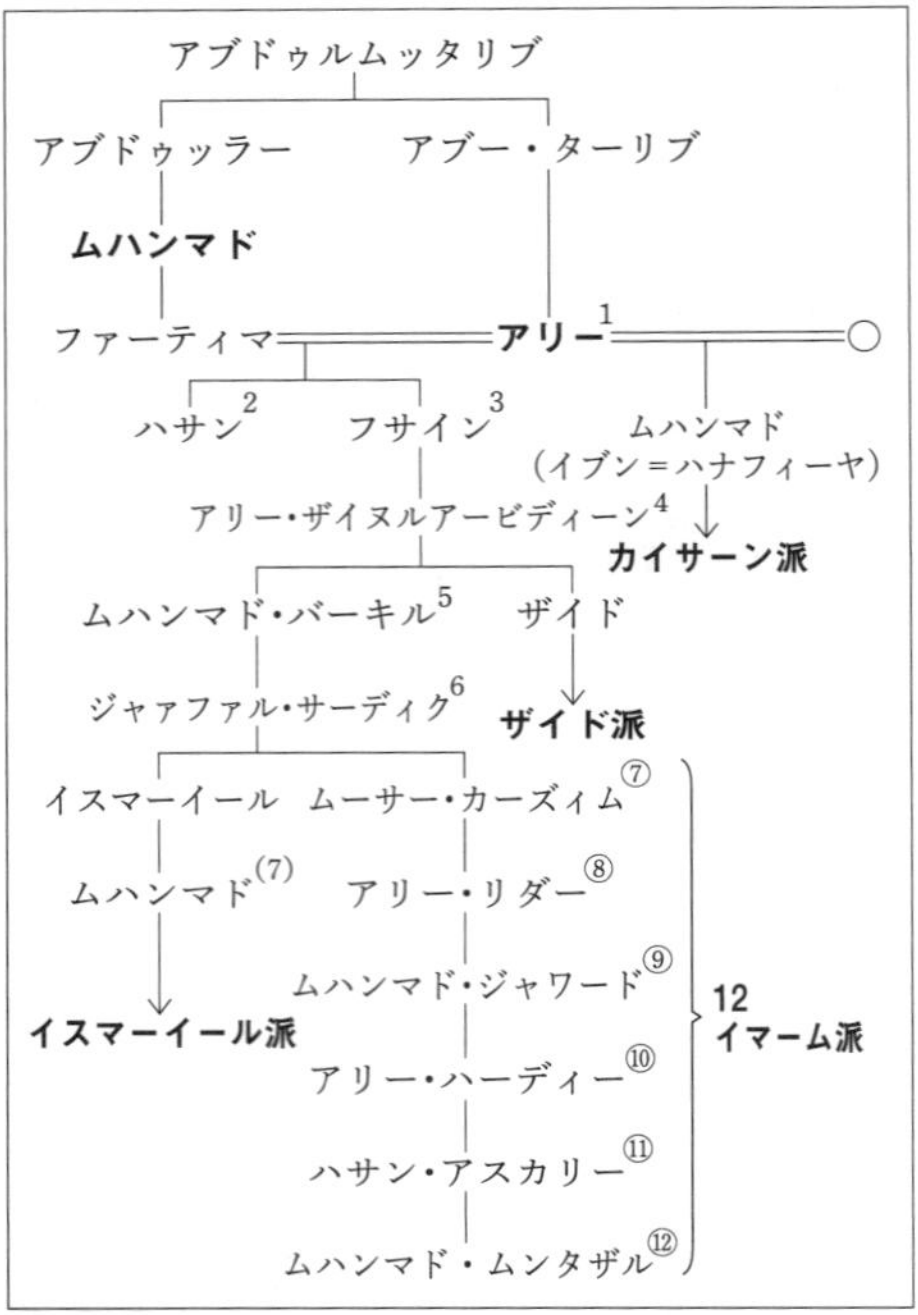

図表17　預言者ムハンマドの家系の系図（Daftary 2007 より）

六四年のあいだに没）が、主人から明かされた秘伝として書き記したアラビア語の黙示録『ウンム・アル・キターブ（書物の太源）』である。同書のなかで、第五代正統イマームは、天上界の「影たち」が創造主の神性を認めない罪の故に転落を重ね、それによって天圏と地上界を形成し、ついに人間の肉体のなかに捕囚されるという「イスラームの秘義」を明かしている。同書の神話構造は、最初から光と闇の二元論を前提とするマーニー教タイプのグノーシス主義ではなく、「偉大なる生命」に由来するプタヒルが、自らを造物主と勘違いして「転落」したとするマンダ教タイプのグノーシス主義の方に酷似している。

ちなみに、同書のアラビア語原本は未だに発見されていないが、一九世紀末にロシア人研究者がパミールとカラコルムのイスマーイール派共同体の間で、同書のペルシア語訳を見つけだした（校訂は Ivanow, "Umm al-Kitāb," 1936, イタリア語訳は Filippani-Ronconi, *Ummu'l-Kitāb*, 1966, ドイツ語訳は Halm, *Die islamiche Gnosis: Die extreme Schia und die 'Alawiten*, 1982, pp. 125-194 を参照）。この際、イスマーイール派が所持していた以上、同書はイスマーイール派の原思想を解明する一級資料と考えられて、研究者たちを狂喜させた。しかし、現在では、初期イスマーイール派とは直接関係のない先行する過激シーア派の一資料であり、しかもペルシア語訳が最終的にこの形態を取ったのは一二世紀初頭ではないかとの評価が定着している。

資料の第二は、ムハンマド・イブン・スィナーン（八三五年没）がジャアファル・サーディクに仮託して執筆したアラビア語文献『キターブ・アル・アズィッラ（影の書）』である。こちらの書物は『ウンム・アル・キターブ』ほど有名ではないが、内容的にはほぼ同一の神話構造を伝えている（校訂は Ghālib, *Kitāb al-Haft al-Sharīf*, 1964、ドイツ語訳は Halm, *Die islamiche Gnosis: Die extreme Schia und die 'Alawiten*, 1982, pp.240ff. を参照)。本書は、後にシリアのヌサイリー派(後年イスマーイール派から分派したとされるシーア派の一派)の宇宙論の基礎として活用され、一八六四年に彼らの図書館のなかで「発見」されて世に知られた(Halm, *Die islamiche Gnosis: Die extreme Schia und die 'Alawiten*, 1982, pp. 298ff.)。

イスマーイール派と一二イマーム派

このように八世紀前半から徐々にメソポタミア特有のグノーシス主義的教説が浸透して「過激シーア派」へと傾斜しつつあったシーア派は、曲がりなりにも過激な主張——カトリック教会やイスラームから見れば過激なだけで、東方のグノーシス主義からすれば常識的な主張——を抑えるだけのバランス感覚を持っていた。特にジャァファル・サーディクは、アブー・アル・ハッターブらの活動を容認もせず、さりとて公式に破門もしないという際どい路線を維持していたとされる。

しかし、シーア派内の政治状況は、八世紀半ばに大きな転機を迎える。すなわち、正統イマーム位は、先任者が「指名(ナッス)」によって後継者を定める習慣によって継承されていた。こうしておけば、「サーヒブ・アッ・ザマーン(時代の主)」の称号通りに、一つの時代に一人のイマームしか出現せず、イマーム乱立によるシーア派分裂は回避されるはずだったのである。しかし、現実はそうならなかった。ジャアファル・サーディクが、第七代イマームとして長男イスマーイール・ムバーラクを指名したものの、彼が父に先立って、七五四〜七六三年のあいだに没してしまうのである（Daftary, *The Ismāʿīlīs: Their History and Doctrines*, 2007, p. 91）。

ここにいたって、シーア派の「指名」制度がうまく機能せず、ジャアファル没後は故イスマーイール・ムバーラクの長男ムハンマド・マクトゥームが継ぐべきか、それともイスマーイールの異母弟のムーサー・カーズィムが継ぐべきかで、シーア派は分裂の危機を迎えた。果たして、ジャアファル・サーディクは「指名」をやり直して、あらためてムーサー・カーズィムを後継者に据えたのか、それとも「指名」は一代に一回限り有効で、その後は指名を受けた者が――たとえ候補者のまま没しても――自分自身の後継者を選ぶ権限があるのか、はなはだ微妙なところである。

イスマーイール・ムバーラクの母親が第二代イマーム・ハサンの孫娘ファーティマ（預言者ムハンマドの娘と同名）で、「預言者の一族」としての血統はすこぶる尊貴だったのに対して、ムーサー・カーズィムの母親が女奴隷ハミーダだった点では、イスマーイール系統を擁立する方に大義名分があるように思える。また、ジャアファル・サーディクがファーティマの存命中は他の妻を娶らず、そのためにイスマーイールとムーサー兄弟ははなはだ年齢が離れてしまい、それどころかムハンマド・マクトゥームの方が叔父のムーサーより八歳も年上だったとされる点も、イスマーイール系統に有利な材料であった。しかし、伝承によれば、イスマーイールには父親が抑えていた過激シーア派的な教義への共感があり、周囲にグラートの思想家が結集していたと伝わるので、この点から言えばムーサーの方が多数を占める穏健派の支持を集めやすかった。

結局、過激シーア派に対する穏健派の批判が上回ったのか、ジャアファル・サーディクが遺したシーア派の多くは、ムーサー・カーズィムを第七代イマームとして承認した。血統的には優りつつも少数派に転落したムハンマド・マクトゥームは、年少の叔父ムーサーとの共存を嫌ったのか、マディーナを飛び出して地下活動に入ったとされる。一説によれば、メソポタミア東部のフーゼスターン州へ赴いたとも推定されるが、定かではない。この時にムハンマド・マクトゥームと運命をともにした過激シーア派の面々が後のイスマーイール派の祖であり、ムーサー・カーズィムへのイマーム位継承を支持する多数派が後の一二イマーム派を構成する。

ちなみに、表面上に残って正統イマームと名乗った一二イマーム派が正解だったのか、地下活動に入ったイスマーイール派が正解だったのかは、よくわからない。一二イマーム派のイマームたちは、少なくとも同派の理解によればつぎつぎに暗殺されてしまい、ついに第一二代イマームにいたって血統が絶える。これ以降の一二イマーム派は、空位の正統イマーム位（イスラーム学の用語では「御隠れのイマーム」）を擁して結束を固めざるをえなかった。

これに対してイスマーイール派の正統イマームたちは、一五〇年後にふたたび世に出た時は、アッバース王朝のカリフに対抗するファーティマ王朝を建国し、イマーム位とカリフ位を統合した神聖国家を樹立した。この時点では、赫赫《かくかく》たる成功である。もっとも、これは後の話なので、とりあえず成立したばかりのイスマーイール派の思想史を概観してみよう。

イスマーイール派思想の三段階

こうして誕生したイスマーイール派は、当初から政治的目標と宗教的目標をセットにして掲げ、きわめて浮沈の激しい運動をくりひろげた。彼らの宗教思想は、刻々と変化する彼らの政治的境遇に応じ、三段階にわたって大幅な変容を遂げている。その経緯を先にまとめ、いわゆる「イスラームのグノーシス主義」が、イスマーイール派の歴史上どのあたりに位置するのかを最初に確認しておきたい。

本章が問題とするのは、第一期のグノーシス主義的教義の一五〇年間である。以下では、

第１期　グノーシス主義的神話教義の時期……イスマーイール派が成立する750年頃から900年頃までの150年間が第1期に当たる。政治的には、アッバース王朝に追われて地下に潜伏している期間であり、ペルシア湾岸地方でのカルマト派の武力蜂起（899年）に部分的成功を収めたに留まる。しかし、宗教思想にかんしては、過激シーア派の教義を継承して、メソポタミアに残存していたグノーシス主義の神話的教義を洗練し、大きな飛躍を遂げたと推測されている。但し、同時代史料は残っておらず、研究上は、後のファーティマ王朝の宣教員アブー・イーサー・ムルシド（953〜975年頃に活躍）がこの時期の教義を受け継いでいるとの前提のもとに、ザムエル・シュテルン（Stern 1983）やハインツ・ハルム（Halm 1978）などが推定復元している。

第２期　新プラトン主義的哲学教義の時期……10世紀から12世紀までが、第2期に当たる。政治的には、909年にチュニジアにファーティマ王朝を樹立し、969年にはエジプトを征服してイスラーム世界の西半分を支配した時期である。宗教的には、潜伏時代のグノーシス主義的な神話に代わって、当時最新の時代思潮であった新プラトン主義哲学を導入し、教義が大きく転換した。それを受けて、アブー・ハーティム・ラーズィー（933/4年没）、ムハンマド・ナサフィー（942年没）、アブー・ヤァクーブ・スィジスターニー（971年以降に没）などのペルシア出身の宣教員たちが哲学的教義を整えた。エジプトの本部からは、イスラーム世界の東方各地にさらなる宣教員が派遣されて、現地の知識人層や商人層に猛烈にアピールし、イラン北部や中央アジアにイスマーイール派の「解放区（ジャズィーラ）」を設定した。この頃が、政治的にも宗教的にもイスマーイール派の全盛時代に当たるので、フランスのイスラーム思想研究者ルイ・マッシニヨン（1962年没）は、10世紀を「イスマーイール派の世紀」と名づけている。

第３期　イスラーム神秘主義的教義の時期……最後に、13世紀から現代までが、第3期に当たる。1191年にファーティマ王朝が滅亡し、中央アジアからやってきたモンゴル軍によって、1256年にアラムート要塞が陥落して以降、政治的な没落期である。主要な拠点を失ったイスマーイール派は、イランやイエメンで神秘主義教団のかたちをとって生き延びざるをえず、民衆的な修行道や道徳訓話を加味しながら、その教義を再転換していった。現在では、イスマーイール派の末裔は主として亡命先のインド西海岸とイエメンに少数派コミュニティーとして残存している。

イスマーイール派のグノーシス主義的教義を解説するにあたって、まずは彼らの歴史を明らかにしよう。といっても、ムハンマド・マクトゥームたちが地下活動に入ると、以後一五〇年間に彼らがどこで何をしていたのかまったく不明になる。本当のところ、のちに彼らの子孫と称して大王朝を樹立するファーティマ王朝のイマーム兼カリフたちも、預言者の一族とどのような系譜関係で結ばれているのか正確にはわからない。悪意ある観察者たちは、実態不明の一五〇年のあいだに何者かがムハンマド・マクトゥームの子孫と入れ替わってしまい、突如としてチュニジアに出現したファーティマ王朝のイマーム兼カリフたちは彼らと何の血縁関係もない僭称者《せんしょうしゃ》だと主張している。

アブドゥッラー・アクバルの地下活動

以下で紹介するのは、イスマーイール派研究者ハインツ・ハルム（Halm, *Kosmologie und Heilslehre der frühen Ismāʿīlīya: Eine Studie zur islamischen Gnosis*, 1978; *The Fatimids and their Traditions of Learning*, 1997）が、仮説的にこの空白期を埋めようとした試論である。彼が用いた史料は、一〇世紀に執筆されたファーティマ王家の家伝と、イスマーイール派の敵対者による宣伝パンフレットの断片的引用というかなり脆弱なものであるが、現時点ではこれ以上の仮説は提出されていない。極論だとする批判も根強いことを承知のうえで、以下に要約しよう。

ハルムによると、イスマーイール派の政治運動とグノーシス主義の神話的教説の融合、および宣教員制度を創始してのその宣布は、ただ一人の人物の功績に集約される。その人物とは、誰あろうムハンマド・マクトゥームの息子である第八代正統イマーム、アブドゥッラー・アクバルである。ちなみに、彼の本名はアブドゥッラーだが、彼の曾孫でファーティマ王朝の初代カリフとなるアブドゥッラー（別名ウバイドゥッラー、在位九〇九～九三四年）と区別するために、前者をアブドゥッラー・アクバル（大アブドゥッラー）、後者をアブドゥッラー・マフディー（救世主アブドゥッラー）と称する。

地図８　アブドゥッラー・アクバルの地下活動と後代のイスマーイール派の活動範囲

ムハンマド・マクトゥームが姿を消して以来、どのような経緯があったのかは不明だが、アブドゥッラー・アクバルは現在のイラン・イラク国境付近に位置するアスカル・ムクラムの街（アフワーズの四〇キロ上流付近）で富裕な商人として成功していた。この街は現在の行政区分ではイラン国内のフーゼスターン州に含まれるものの、地理的にはメソポタミアと一体の地域である。つまり、もともとメソポタミアのグノーシス主義の残党のあいだに支持者が多かったイスマーイール派は、正統イマーム自ら南メソポタミアに居を定めることで、宗教思想的に一層過激シーア派寄りの路線に舵を切ったのである。

大商人アブドゥッラー・アクバルは、この地でグノーシス主義を吸収して自ら考案した教義を広めるべく、後のイスマーイール派の大きな特徴となる宣教員制度を創始し、四方に宣教員（ダーイー）を派遣した。だが、一介の商人が宣教員を各地に派遣していたのでは目立ち過ぎたらしく、街の人びとに怪しまれて一旦バスラ（南メソポタミアの港湾都市）へ逃亡した後、最終的にシリア砂漠周縁の街サラミーヤに落ち着く。彼は九世紀後半にこのサラミーヤで死去したと考えられているが、八七五年ないし八七八年までにはメソポタミアで強固なイスマーイール派組織の構築に成功し、後のカルマト派の武装蜂起やファーティマ王朝革命の基盤を作った立役者と推定されている。

ちなみに、ハルムによれば、アブドゥッラー・アクバルのサラミーヤ移住は八七〇年に比定される（Halm, *The Fatimids and their Traditions of Learning*, 1997, p. 5)。七六五年に姿を消した人物の息子が、八七〇年に革命活動に従事しているのでは、辻褄が合わないような気もする。二人とも物凄く長寿だったのかもしれないが、全然血縁関係がない可能性もある。また、年代の問題を別にしても、イスラーム世界での政治的な最重要人物である正統イマームが、いきなり湾岸地域で商業を営んでいるとはかなり不自然なので、アブドゥッラー・アクバルは本来は単なる宣教員だったものが、それに成功した後で正統イマームを僭称した可能性も捨て難いと考えられている。

ファーティマ王朝の樹立へ

この後、イスマーイール派の正統イマームは図表18に示したように、サラミーヤに潜伏していたらしいが、彼らの詳しい活動状況は判明していない。一説には、アブドゥッラー・アクバルの息子アフマドが、アラビア語文献『純粋同胞団』の著者に挙げられることもあるものの、確証はない。新プラトン主義に大きく傾いた本書の思想内容からすれば、本書がイスマーイール派文献であることはまちがいないにしても、ファーティマ王朝成立後の一〇世紀後半の著作とみなすのが通説である。

アブドゥッラー・アクバルの曾孫アブドゥッラー・マフディーにいたって、宣教員の一人がアルジェリアのベルベル族の一派クターマ族への布教に成功する。一五〇年間もメソ

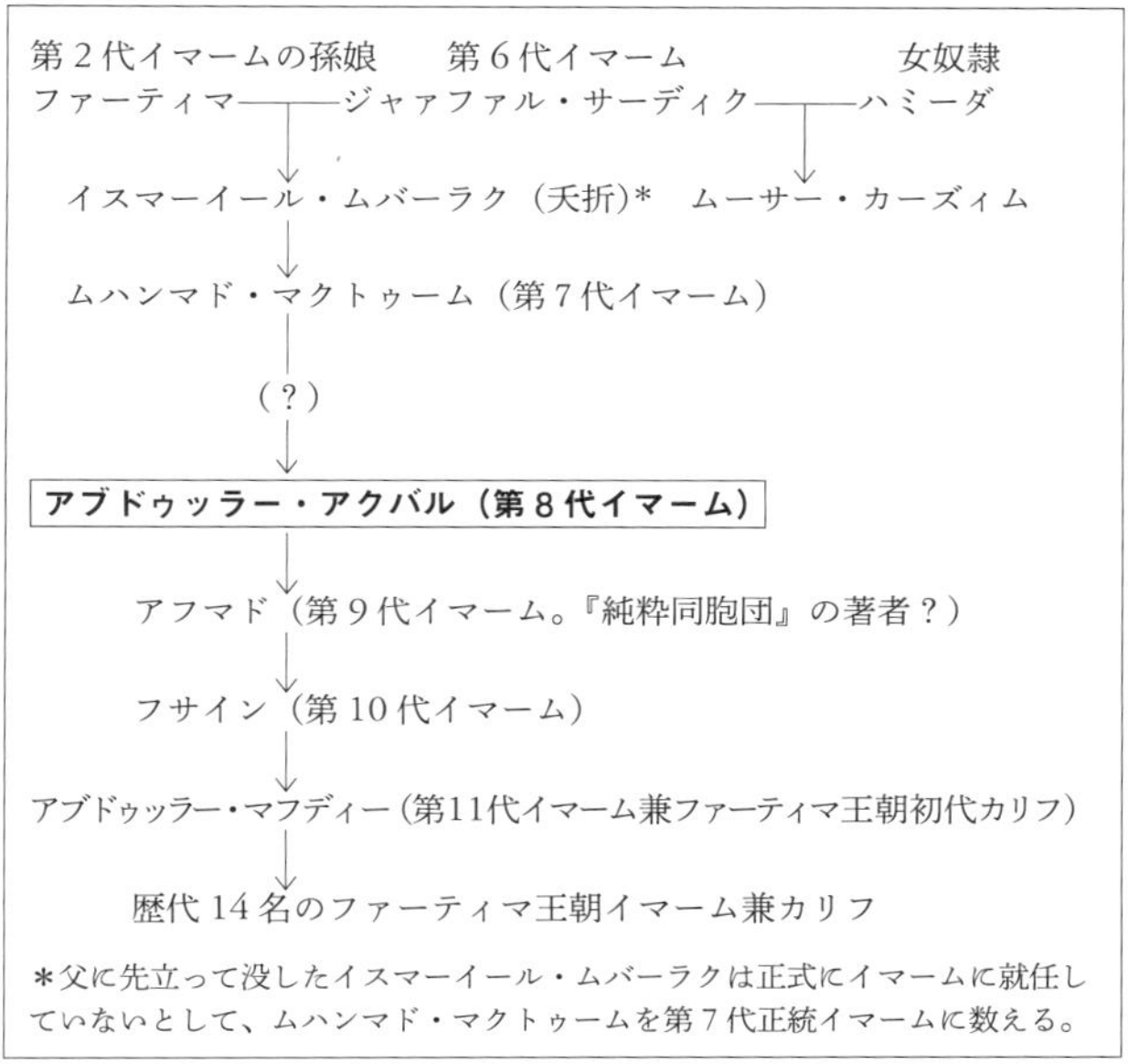
第2代イマームの孫娘
ファーティマ
第6代イマーム
ジャァファル・サーディク
女奴隷
ハミーダ
イスマーイール・ムバーラク（夭折）*
ムーサー・カーズィム
ムハンマド・マクトゥーム（第7代イマーム）
（？）
アブドゥッラー・アクバル（第8代イマーム）
アフマド（第9代イマーム。『純粋同胞団』の著者？）
フサイン（第10代イマーム）
アブドゥッラー・マフディー（第11代イマーム兼ファーティマ王朝初代カリフ）
歴代14名のファーティマ王朝イマーム兼カリフ
*父に先立って没したイスマーイール・ムバーラクは正式にイマームに就任していないとして、ムハンマド・マクトゥームを第7代正統イマームに数える。

図表18　アブドゥッラー・アクバルからファーティマ王朝までの推定系図

ポタミアで一生懸命地下活動していたのに、イスラーム世界の辺境地帯であるアルジェリアの部族のあいだであっさり成功してしまうとは、若干皮肉な結果でもある。

ともかくも、アッバース王朝の支配に対抗するイスマーイール派の解放区がアルジェリアに成立したため、アブドゥッラー・マフディーもサラミーヤの隠れ家からカイラワーン（現在のチュニジア中部の街）に移動し、ここで九〇九年一月五日の金曜日、三五歳で「預言者の家系の第一一代正統イ

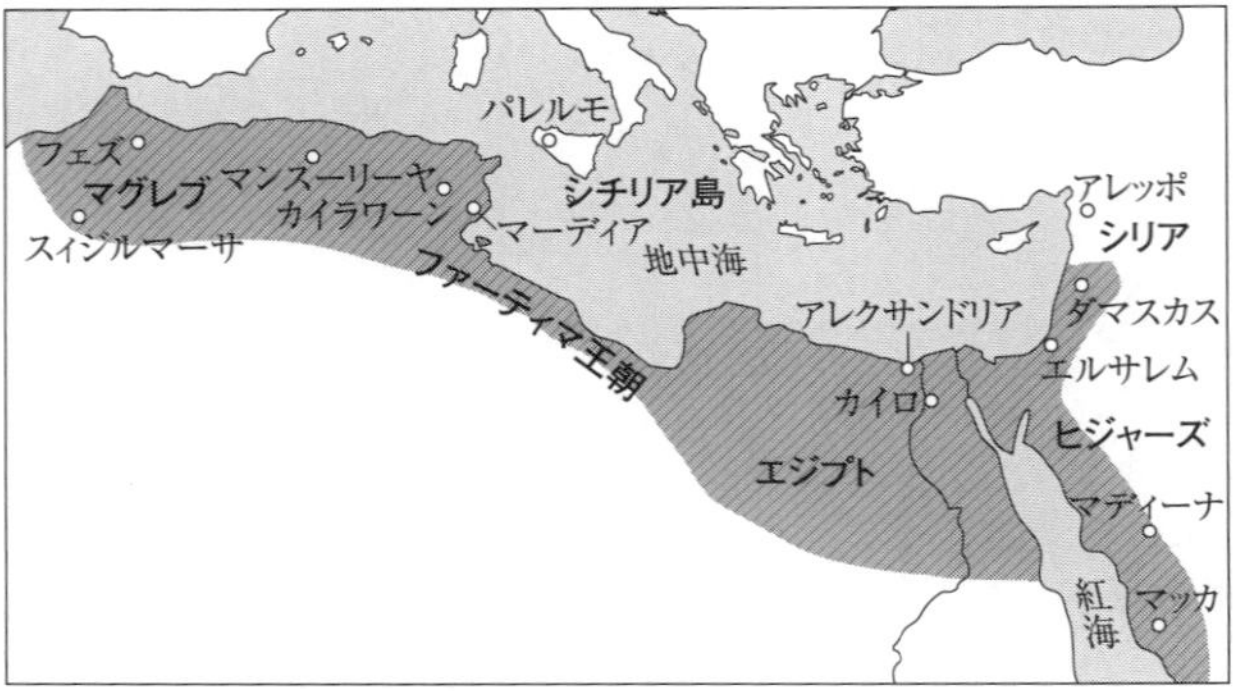

地図9　ファーティマ王朝の版図

マーム」にして、アッバース王朝の偽カリフに対抗する「初代正統カリフ」として登極し、長年にわたるアリー家の夢だった政権獲得を予想外のかたちで果たした。ムーサー・カーズィムの血統は、すでに八七四年に第一二代イマームが行方不明になって絶えていたので、アッバース王朝のカリフに対するシーア派の勝利であるとともに、シーア派内部での一二イマーム派に対するイスマーイール派の勝利でもあった。

以後、ファーティマ王朝は着実に版図を拡大し、九六九年には肥沃なエジプト攻略に成功して新都カイロを建設。ここに首都を遷して、地図9に見るようにイスラーム世界の西半分を支配し、イスマーイール派の政治的な全盛期を迎えることになる。このように地下活動を通して革命に成功するまでが、イスマーイール派の第一期の歴史である。では、この地下活動の時期に、口承で伝えられていたとされる初期イスマーイール派の神話的教義とは、どのようなものだろうか？　それを第二節で見ていこう。

2 「イスラームのグノーシス主義」

秘義と宣教――イスマーイール派の教団組織

初期イスマーイール派の神話的教義によれば、「聖書ストーリー」には、各時代の「告知者たち」が齎した表面的聖法の背後に隠された「秘義」がある。ちなみに、イスマーイール派では「聖書ストーリー」の使徒たちを、アラビア語で「預言者（Nabī）」とは呼ばず、人数も七人に限定して「告知者（Nāṭiq）」と称する。告知者の聖法の背後に隠された「秘義」は、アダムの時代から「聖書ストーリー」に纏綿《てんめん》し、代々告知者の傍近くに仕える「黙示者」によって保持されてきたものである。だが、誰もそれを明かしたりはせず、一般に知られることがなかった。イスラームの時代にいたって、預言者ムハンマドの「黙示者」であるアリーとその子孫たる正統イマームが、はじめてその秘義を開示する権能を行使するのである。

表面的聖法――つまり、ユダヤ教、キリスト教、イスラーム――は、万人が受け入れることのできる教えである。ユダヤ教徒であれば誰でも割礼を施すし、あらゆるイスラーム教徒は豚肉を食べない。しかし、そのように聖法を遵守しつつも、彼らはその真の意味を了解してはいない。なぜなら、「聖書ストーリー」の秘義は万人が理解するにはあまりにも高度なので、ただその認識に堪えられる少数の宗教的エリートに対してしか明かせないのである。これゆえに、イスマーイール派教団はイニシエーションによって選ばれた団員で構成される「正統イマーム」を頂点とする階層構造」を特徴とし、同時にそのメッセージを受け取り得る知性の持ち主を求めて宣教（ダァワ）する「宣教員（ダーイー）に支えられた宣教組織」を持つ。いわば、イスマーイール派の「秘義」は広く薄く宣教されるべき少数エリートの教えであって、一般大衆は「素朴で表面的な」イスラームなど任意の信仰に留まっていても、それはそれで一向に差し支えがない。イスマーイール派の教義とは、本来オープンな性格のイスラームから見ると、まったく異質な性格を持った「秘義」の体系である。

実際、イスマーイール派にとっては、この「秘義」への参入者があまり増えては困るので、後に政権獲得に成功して安定した王朝支配を樹立した段階でも、一般民衆にイスマーイール派の教義を強要したりはしなかった。この「自分たちのみが聖書ストーリーの真意を理解している」との特権意識、そのうえで知的少数者に留まろうというエリート志向は、明らかに古代末期のグノーシス主義――但し、旺盛な伝道意欲に燃えていたマーニー教をのぞく――と共通している。以下では、そんなイスマーイール派による「聖書ストーリー」の「秘義」を、宇宙論から人類史への流れで概観していこう。

グノーシス主義を色濃く残した宇宙開闢論

時間と空間が生まれる以前、アッラー以外の何も存在していなかった時、アッラーが自ら発した光に対して「あれ（アラビア語でクン）」と呼びかけると、驚くべし「クン」という言葉そのものが最初に具現化した。さらに驚くべきことには、アラビア語の命令形「クン」が、なぜか女性形の「クーニー」に変化して出現したとされる。このクーニーはアッラーの第一の被造物であり、他のすべての被造物はこの女性的存在を介して存在者となる。あたかも、グノーシス主義における「転落したソフィア（こちらもギリシア語女性形）」を彷彿とさせるような女性原理である。

しかし、アッラーはクーニーからは認識できない不可知の存在だったので、彼女は自分自身から他のすべての被造物が発する以上、自らが創造主なのではないかと錯覚する傲慢の罪に陥った。グノーシス主義的に言えば、クーニーは思い上がった造物主デーミウルゴスなのである。これを見てとったアッラーは、彼女を介して彼女の意思とは無関係に、クーニーのうえに三つ、クーニーの下に三つの合計六つの階梯を創造し、クーニーの増長を戒めた。ここにいたってクーニーは、「アッラーの他に神はなし」との信仰告白の真意を悟って従順になったとされるが、一度生起した世界の開展はもう止められなかったらしい。つまり、世界が開展する契機は、女性原理の傲慢とそれに対する神の干渉、つまりクーニーの転落にあったことになる。

この宇宙開闢《かいびゃく》論は、二世紀のマンダ教で、プタヒルが自らを造物主と錯覚して世界を創造する神話構造と軌を一にしており、古代のグノーシス主義的要素を色濃く残しているとされる (Halm, *Kosmologie und Heilslehre der frühen Ismāʿīlīya: Eine Studie zur islamischen Gnosis*, 1978, pp. 75-80)。

天的なアダムと天使と悪魔

つぎに、神はクーニーに命じて、彼女の助手として「運命（アラビア語でカダル）」を創造させた。グノーシス主義的に言えば、「天上界のアダム」に相当する人間の原型である。こちらはアラビア語の男性名詞であり、クーニーと一対になって神の原初の創造原理を代表する。神から言えば、上位の女性原理クーニーによってすべての被造物を創造し、下位の男性原理カダルによってそれらの運命を司るのである。

但し、イスマーイール派の説明によると、女性原理と男性原理の結合による世界創造の方法は、かなり奇妙である。すなわち、子音表記のアラビア文字では、「クーニー(KWNY, كوني)」は四文字、「カダル(QDR, قدر)」は三文字で、合計七文字になる。合計二八文字あるアラビア文字は四×七に割り切れ、その最初の七つ組がこのKWNY-QDRに当たる。ちなみに、どうしてKWNY-QDRの七つ組がアラビア文字二八文字のなかで特別の意義を持つのかは、部外者にとっては判然としない。ともかく、すべての存在者はこの七つの文字の組み合わせによって派生するがゆえに、クーニーとカダルは万物の根源であると言う。

この後、クーニーの瞑想から七つの天使的存在(ケルビム)が、カダルの瞑想から一二の精神的存在が誕生したとされる。ちょうど、マンダ教のプタヒルが、七惑星と黄道一二宮の助けを借りてこの世を創造したのと同様の設定である。但し、マンダ教ではこの二つのグループは「闇の世界」に属していたが、イスマーイール派の神話では、カダルが産出した一二の精神的存在のうち、最初の三つである「幸運」はガブリエルに、「勝利」はミカエルに、「想像」はセラフィエルにと、いずれも「聖書ストーリー」の大天使に当てはめられている。当然、彼らは善なる存在であり、天上界の出来事を告知者たちや正統イマー

【天上界のプレーローマ】
不可知のアッラー
↓
クーニー（女性原理）……彼女の傲慢の故に世界が開展する→6つの階梯
↓　↘
カダル（男性原理）↘
↓　↘
12の精神的存在　7つの天使的存在（ガブリエル、ミカエルなど）

【地上界】　↓（グノーシスの授与）
↑↓　↑↓　告知者や黙示者に「叡智」を「宣教」する
12の星宿　7つの天圏　↓（グノーシスの授与）
イスマーイール派宣教組織が人類に「宣教」する
↓　↓（グノーシスの授与）
人間存在＝神から最も隔たった地点に人間が誕生し、天上界の出来事を忘却している→イスマーイール派宣教組織の「宣教」を受けて、「秘義」に覚醒する

【地獄】
アダムへの跪拝を拒否したイブリースが、第4の階梯から転落し、大悪魔となって棲息

図表19　イスマーイール派神話の宇宙論

ムたちに「宣教」する役割を担い、地上におけるイスマーイール派宣教組織の原像となっている。

しかし、六つの階梯、七つの天使的存在、一二の精神的存在のなかには、クーニーとカダルの命令にしたがわない者もあった。すなわち、クーニーの直下の第四の階梯に属するイブリースである。彼は『クルアーン』の第二章第三四節に描かれるように、天上界のアダムへの跪《き》拝《はい》を拒否し、そのまま天上界を追放されて地獄の大悪魔になったとされる。イスマーイール派の神話では、悪魔といえども天的な由来を持っているのであ

る。こうして、天的なアダムと天使と悪魔が出揃った。

天上界の創造の後には、地上界の創造がつづく。クーニー由来の天使的存在は七つの惑星天を支配し、カダル由来の精神的存在は一二の星宿を司る。ちなみに、クーニー自身は太陽に相当し、カダルは月に該当するとされるので、天上界の創造物は地上界ではそのまま古代世界で知られていた天体に一対一対応している。こうして、最終的に地上界で誕生する人間は、天上界の要素を含みつつも、神からはるかに引き離されて、故郷の一切を忘却してしまう。そこで、女性原理の過ちから生じた人間は、天的な叡智を彼方の世界から授けてもらうことで、はじめて故郷へ帰還する救済の可能性を獲得するのである。ここまでの初期イスマーイール派宇宙論については、図表19を参照していただきたい。

イスマーイール派神話の人類史

天上界の神聖史につづく地上界の人類史において、イスマーイール派は七つの周期の時間を想定する。そのなかで、全部で七人の告知者が出現して人類に聖法を齎し、彼に随伴する黙示者がその奥の「秘義」を明らかにするとされる。七つの周期の告知者とは、原初の七つの文字に対応して、K＝アダム、W＝ノア、N＝アブラハム、Y＝モーセ、Q＝イエス、D＝ムハンマド、R＝救世主であり、第一から第六までの各周期に随伴する黙示者

周期	告知者	黙示者	特徴
第1の周期	アダム	次子アベル	最初の人類。彼が独自の聖法を齎したか否かについては、見解が分かれている（後述）
第2の周期	ノア	長子セム	聖法を編纂し、普及させた最初の人物
第3の周期	アブラハム	庶長子イシュマエル	カァバ神殿を建設した人物
第4の周期	モーゼ	兄アーロン	鍛冶を司り、鉄の武器をもって敵と戦った
第5の周期	イエス	ペテロ	木細工（十字架）を始めた人物
第6の周期	ムハンマド	従弟アリー	鋳造を始めた人物
第7の周期	救世主	—	新たな聖法は齎さず、秘義を全面開示して人類の救済を成就する人物。実像は諸説ある。 ①第7代正統イマームであるムハンマド・マクトゥームとする説→カルマト派 ②ファーティマ王朝の樹立とともに、とりあえず先送りされたとする説→ファーティマ王朝

図表20　イスマーイール派神話の7つの周期と告知者・黙示者

は、アベル、セム、イシュマエル、アーロン、ペテロ、アリー・イブン・アビー・ターリブである。前者の系列が明かす聖法とは、ユダヤ教、キリスト教、イスラームなどの「聖書ストーリー」の諸宗教を指し、後者の系列が明かす「秘義」とは、天上界の「記憶」を呼び起す「神的な叡智」、つまりグノーシスを指している。

ちなみに、先行するグノーシス主義的宗教であるマーニー教が著しくイエスの役割を重視し、キリスト教と見紛うばかりのイエス中心主義的な形態を取ったのに対し、イスマーイール派はイエスにかぎらず先行預言者たちに対して著しく醒めており、彼らをタイポロジー的に羅列して済ましてしまう。実際のところ、彼らの時代の告知者とされる預言者ムハンマドでさえ相対化され、「近々廃棄されるべき聖法を齎した六番目の告知者」程度の取り扱いしか受けていない。この点では、イスマーイール派はとても「イスラームの分派」とは思えず、イスラームを超えて新たに発展した「聖書ストーリー」の一形態である。

しかし、とりあえず現在は第六の周期、つまりイスラームが表面的な聖法を代表する周期に当たっており、ムハンマドが死去して後は、正統イマームが「秘義」を伝えている状態である。「秘義」を継承するイスマーイール派といえども、表面的にはムハンマドが伝えた聖法を遵守する義務があり、そのような意味では彼らはイスラーム教徒である。

これにつづく第七の周期は、先行する六つの周期にくらべて、かなり特異なものが想定されている。これまでは、告知者と黙示者が別人格に宿り、表面的な聖法と「秘義」の担い手が分離していた。しかし、第七の周期の告知者は同時に黙示者も兼ね、もう聖法を齎すことはない代わりに、全人類に対して代々隠されてきた「秘義」を全面開示する。当然、表面的な聖法はユダヤ教のトーラーもイスラームのシャリーアも十把一絡《じっぱひとから》げに廃棄されなくてはならない。この決然たる純粋の行為によって、第七の告知者は身を救世主と化して全人類の救済を叫び、アダム以来、モーセ、イエス、ムハンマドたちが永らく待望していた「聖書ストーリー」完成への予感を満たすのである。

この思想にもとづき、イスマーイール派宣教組織の地下活動はユダヤ教、キリスト教、イスラームの完結を齎す聖なる実践であることを保証され、正統イマームによる地上の政権樹立が必然化される。そして、正統イマームが「大復活」を宣言することによって、「聖書ストーリー」は終末に向かって昇華され、「叡智」を明かす第七の告知者は天上界と地上界を結ぶ究極の行為者となるであろう。

第七の告知者

では、その待望される第七の告知者——七つの創造文字のRの文字に当たる人物——は、果たして誰なのだろうか？　これについては、イスマーイール派思想のなかでも変遷があったようである。

天上の天使的存在が七つで、それに対応した天圏も七つ、しかも人類史の時間周期も七つで、告知者も七人、その第七の告知者が救世主に当たるとするならば、イスマーイール派の「七」尊重思考が見えてくる。そして、彼らが最初に推戴したムハンマド・マクトゥームが、ちょうど第七代正統イマームに当たっている（図表18参照）。すなわち、過激シーア派を継承した初期イスマーイール派は、ムハンマド・マクトゥーム本人をもって、預言者ムハンマドの周期を更新する第七の告知者にして、正統イマームが担う黙示者の使命をも成就させる救世主（マフディー。イスマーイール派独特の用語として、アラム語起源のカーイムとも呼ばれる）と捉えていたと思われる。アリー家に代々伝わる聖剣ズルフィカールの鳴動と、ムハンマド・マクトゥームによる大復活の宣言のなかに、時間を止める「聖書ストーリー」の絶頂が期待されていたのである。

ただ、初期イスマーイール派にとっては遺憾にも、ムハンマド・マクトゥームが在世していた（と思われる）八世紀後半から九世紀初頭の時期には、一向に大復活は訪れなかった。ムハンマド・マクトゥームの足跡さえ辿れないので、彼がどこで何をやっていたかは判然としないのだが、この後、彼の子孫（と称する正統イマームたち）が何回か大復活を宣言しているので、きっと彼自身も、どこかで空しく大復活宣言を唱えていたと思われる。

カルマト派の思想と行動

この類推を支えるのは、南メソポタミアに拠点を置くイスマーイール派の宣教組織――彼らの指導者ハムダーン・カルマトの名を取ってカルマト派と称する――の思想と行動である。彼らはムハンマド・マクトゥーム没後も、あくまで彼が救世主であると主張して、イマーム位の継承を主張するアブドゥッラー・アクバルたちと意見が分裂し、ついに八九九年に袂《たもと》を分かってペルシア湾岸のバーレーンで武装蜂起した。九三〇年の巡礼月には、遥々マッカまで遠征してカァバ神殿を襲撃し、イスラーム教徒巡礼者たちを大量虐殺したうえに、ご神体である黒石を略奪してバーレーンへ持ち帰っている。史料が残っていないので彼らの思想を正確に摑むことは不可能であるが、イスラーム的聖法を遵守する必要がなくなったことを象徴的に示すために、カァバ神殿を襲撃したのだろうと推測されている。イスマーイール派宣教組織の革命理論に縁もゆかりもない大多数のイスラーム教徒にとっては、同じイスラーム教徒がカァバ神殿を破壊するとは、驚天動地の行動であった。なお、カルマト派はアッバース王朝から供与された莫大な額の金銭と引き換えに、九五一年には黒石をカァバ神殿に返却している (Daftary, *The Ismāʿīlīs: Their History and Doctrines*, 2007, p. 133-151)。

南メソポタミアという地理的条件といい、この純粋の行為といい、初期イスマーイール派の至純の思想を伝えているのは、ファーティマ王朝の樹立に成功したアブドゥッラー・アクバル系の宣教組織ではなく、バーレーンで起義したハムダーン・カルマト系の宣教組織の方だったかもしれない。事実、八九九年のシスマの後、イラン高原や中央アジアなど東方のイスマーイール派宣教組織は、少なくとも一〇世紀前半まではカルマト派の教義を信奉している。

ただ、その後は、カルマト派はアッバース王朝や他ならぬファーティマ王朝とも軍事衝突をくりかえし、一一世紀には内部崩壊してしまった。逆に、第七の告知者の到来を先送りして、とりあえず安定的な革命政権を樹立したアブドゥッラー・アクバル系の宣教組織＝ファーティマ王朝の方が、後のイスマーイール派の主流になったので、カルマト派の行動は歴史のなかに埋没していった。

グノーシス主義神話との構造上の共通点

ここで、イスマーイール派の神話的教義と、二〜三世紀のグノーシス主義的諸思想を比較してみよう。イスマーイール派神話は、冒頭から『クルアーン』由来のアラビア語命形「クン」を女性形の「クーニー」に替え、神を不可知の存在に棚上げし、代わりに女性原理と男性原理の結合から世界が開展するなど、明らかに人工的な作為を感じさせる構造を持っている。この作為性が、イスマーイール派の神話に、グラート経由で二〜三世紀のグノーシス主義の要素が混入したとみなされる根拠である。

まず、グノーシス主義神話との構造上の共通点であるが、

・宇宙の起源を、クーニー（デーミウルゴス）の傲慢故の転落に求める点

・そこから階層的に展開する世界を想定する点
・人間は、神から引き離された天的起源を持つとされる点
・人間は、そのことを知らしめる叡智によって救済に至る点

などは、「シリア・ユダヤ的グノーシス主義」と通称されるオフィス派、バルベロ派、そしてメソポタミアのマンダ教などとの強い親和性を示している（Halm, *Kosmologie und Heilslehre der frühen Ismāʿīlīya: Eine Studie zur islamischen Gnosis*, 1978, pp. 123-124; Daftary, *The Ismāʿīlis: Their History and Doctrines*, 2007, p. 135）。

ズルヴァーン主義と一対を成す時間論

つぎに、イスマーイール派に独特の七周期の時間論については、フランスのイスラーム学者アンリ・コルバン（一九七八年没）が興味深い論考を発表している。

彼によれば、ゾロアスター教ズルヴァーン主義で、絶対時間が自己限定した一万二〇〇〇年の時間をさらに分割して、一〇〇〇～九〇〇〇年を悪神アフレマンに移譲し、残りを善神オフルマズドに委任するという時間論は、イスマーイール派の七周期の時間感覚と一対を成すとされる。彼の比較にあっては、両者が挙げる時間の数量的な差異は問題ではな

く、「天上界の超時間」と「地上界の限定された時間」の対比、および「限定された時間」において奥義を自覚した人間存在の戦いといったモチーフの類似性が重要である(Corbin, "Le temps dans le Mazdéisme et dans l'Ismaélisme," 1951; *Temps cyclique et gnose Ismaélienne*, 1982)。

「聖書ストーリー」の枠内のグノーシス主義

最後に、グノーシス主義神話とイスマーイール派神話の相違点に触れておきたい。初期イスマーイール派神話の構造は、大枠で「シリア・ユダヤ的グノーシス」やマンダ教と共通するものの、細部を検討した場合、イスマーイール派神話と完全に一致するようなグノーシス主義神話は知られていない。イスマーイール派の神話においては、アッラーはデーミウルゴスではないし、アッラーのうえに「真の神」が想定されているわけでもない。「真の神」は依然としてアッラー自身であり、デーミウルゴスとしての役割はアッラーよりも下位のクーニーが引き受けている。また、聖書ストーリーの預言者たちも、「黙示者」たちの登場によって重要性はかなり縮小されているものの、決して悪役に転じてはいない。すなわち、二〜三世紀のグノーシス主義に顕著に見出されたような「聖書ストーリー」の価値観の全面的逆転は、イスマーイール派神話では起こっておらず、逆に「聖書ストーリー」を遵守したグノーシス神話になっているのが特徴である。

これは、今後の研究にかんしていろいろな可能性を予感させる。一方の極には、やはり二〜三世紀のグノーシス主義と初期イスマーイール派を歴史的に連続させて考える研究方法がある。この場合、「聖書ストーリー」の価値逆転がいつのまにか解消され、「聖書ストーリー」の枠内のグノーシス主義に転化した過程の解明が課題になるだろう。

そして、もう一方の極には、グノーシス主義はあらゆる宗教に普遍的な思考形態だとは言わないまでも、少なくとも「聖書ストーリー」においては一般的であるとして、キリスト教的グノーシス主義とイスラーム的グノーシス主義を分離して考察する研究方法である。

ともかくも、この初期のイスマーイール派思想は、「聖書ストーリー」をグノーシス主義的な史観で統合する試みとして、ユダヤ教徒、キリスト教徒、イスラーム教徒などに強くアピールし、ペルシア湾岸ではカルマト派国家を樹立し、北アフリカではファーティマ王朝の建国を見た。しかし、一〇世紀を境にして、彼らの神話的教義は急激に新プラトン主義哲学に取って代わられる。まさにその時期に、イスマーイール派の思想家たちがゾロアスター教を「聖書ストーリー」に取り込む動きを示しているので、以下では第六章への伏線の意味も含めて、この局面を追っていこう。

3　新プラトン主義哲学への変容――「聖書ストーリー」の最終形態

ギリシア語文献アラビア語翻訳運動

イスラーム思想史上の一大事件として、九世紀前半のバグダードにおけるギリシア語文献アラビア語翻訳運動がある。これを機にギリシア哲学に触れたイスラーム教徒たちは、その論理的・合理的な思考方法に魅了され、かつ『クルアーン』の啓示――広く言えば「聖書ストーリー」全般――とギリシア哲学との乖離に悩み、陸続としてその研究へと邁進していった。古くはアブー・ユースフ・キンディー（八六六年没）が両者の調和を主題にし、アブー・ナスル・ファーラービー（九五〇年没）にいたって新プラトン主義哲学の一応の吸収が完了したと見られている。

時代の趨勢に敏感なイスマーイール派の宣教員たちも、当然、この新思潮に便乗した。そして、今度はグノーシス主義神話に新プラトン主義哲学を接続した新しい教義を考案しはじめるのである。

写真6　11～13世紀のイラン宣教の最大拠点アラムート要塞

イスマーイール派ペルシア学派

イスマーイール派思想への新プラトン主義哲学の導入に当たっては、一〇世紀にイラン高原から中央アジアで活躍していた三人のカルマト派宣教員——後に「イスマーイール派ペルシア学派」と呼ばれた——が顕著な貢献を果たした。

北アフリカやアラブ地域のファーティマ王朝系宣教員がそのような志向をまったく見せていないので、当時はイラン〜中央アジアが哲学に対して敏感に反応していたのだと思われる。いわば、イスマーイール派のグノーシス主義的教義の揺籃の地がメソポタミアだったのに対し、哲学的教義の揺籃の地はイラン高原であった。以下では、この三人の列伝から紹介しよう。

①ムハンマド・ナサフィー……中央アジア出身の宣教員で、八九九年のシスマ（分裂）の際にはカルマト派に属した。故郷でカルマト派教義を宣教し、サーマーン王朝のナスル二世（在位九一四～九四三年）の時代にはかなりの改宗者を得た。しかし、つぎのヌーフ一世（在位九四三～九五四年）の時代に情勢が逆転し、宣教員と改宗者は大虐殺され、ナサフィー自身も処刑された。それでも、イスマーイール派の神話的教義にはじめて新プラトン主義哲学を導入した彼の遺著『キターブ・アル・マフスール』（現在は散逸し、断片的な引用のみで知られる）は、イスラーム思想史上大きな影響力を保ちつづけた。

②アブー・ハーティム・ラーズィー……ライイ（現在のテヘラン南郊）出身の宣教員。故郷のナサフィーと同じく、八九九年のシスマに際してはカルマト派を支持した。故郷のライイがイラン高原西部を管轄する宣教組織の中心だったので、九一二～九二三年にはこの管区の主席宣教員を務めて、地元有力者たちの改宗に成功している。九三三／四年にアゼルバイジャンへ赴く途中で客死した。彼のアラビア語主著『キターブ・アル・イスラーフ』（Rāzī, *Kitāb al-Iṣlāḥ*, 1998）は現存している。

③アブー・ヤァクーブ・スィジスターニー……スィジスターン（現在のイラン・アフガニ

スタン国境付近）出身の宣教員。八九九年のシスマに際してはカルマト派を支持し、九三二年から九四二年までは、ラーズィーの後任の後任としてライイ管区で活動していた。後に中央アジア管区に転じてナサフィーの後任となり、ラーズィーに対してナサフィーを擁護する『キターブ・イスバート・アン・ヌブーワ』（Sijistānī, *Kitāb Ithbāt an-Nubūwat*, 1982）や『キターブ・アン・ヌスラ』（現在は散逸し、断片的な引用のみで知られる）を執筆した。最終的にはカルマト派の立場を放棄し、ファーティマ王朝のイマーム＝カリフを認めたらしい。その後、九七一年以降に、サッファール王朝のアミールによって処刑された。

グノーシス主義とギリシア哲学の融合

つぎに、イスマーイール派ペルシア学派の哲学的教義を概観しよう。古代末期の如何なる形態のグノーシス主義も、「聖書ストーリー」に即した神話的表象を取る以上、合理的・理性的な判断を尊重する（ことになっている）ギリシア哲学との意識的な融合を試みた形跡はない。一〇世紀のメソポタミアではマンダ教徒やマーニー教徒も活動していたはずなのだが、滔々としてアラビア語哲学文献が普及するなかにあっても、彼らが積極的に新プラトン主義哲学を導入しようとした痕跡は確認できない。ただイスマーイール派ペルシア学派の思想家たちだけが、グノーシス主義神話を新プラトン主義哲学で再解釈し、彼らの教義を強化しようと努めた。そういった意味では、彼らの思想は、グノーシス主義の神話的思考とギリシア哲学の論理的思考を融合させる人類思想史上初の試みとしての面を具えていた。

以下では、最も多くの文献が現存しているスィジスターニーに絞り、彼の宇宙論を紹介したい（Walker, "Cosmic Hierarchies in Early Ismāʻīli Thought: The View of Abū Yaʻqūb al-Sijistānī," 1976; *Early Philosophical Shiism: The Ismaili Neoplatonism of Abū Yaʻqūb al-Sijistānī*, 1993）。スィジスターニーの体系によれば、アッラーは不可知の神である。もちろん、神話的教義にあっては、クーニーの転落を担保するために、アッラーは不可知でなくてはならなかった。その影響で、イスマーイール派ペルシア学派のアッラーも、超越的な神と想定されたのかもしれない。このため、以後のイスマーイール派哲学の神観では、いかなる擬人神観も拒否し、アッラーは否定辞でしか表現できないとする否定神学が大きな特徴となった。

つぎに、神話的教義でクーニーとカダルとされていた原初の原理は、それぞれ新プラトン主義哲学の「知性」と「霊魂」によって置き換えられた。アラビア語の「知性（アクル）」は男性名詞であり、「霊魂（ナフス）」は女性名詞なので、この段階で女性原理クーニーの転落の物語は放棄される。しかし、スィジスターニーは第一の創造物である「知性」

がそのままアッラーから流出してきたとの新プラトン主義哲学の基本思想も、そのままのかたちでは受け入れない。そうではなく、「知性」は神の言葉「あれ」を媒介として、無から創造されたのだと理解する。これは、アッラーの超越性を保つとともに、『クルアーン』の啓示を尊重し、且つは神話的教義の「クン」にも配慮した結果と思われる。

永遠・完全・不動の第一存在である「知性」からは、第二の創造物として「普遍的霊魂」が流出する。形のうえでは、神話的教義で「クーニー」が「カダル」を創造したとする説の踏襲であるが、「一からは一しか生まれない」とするパルメニデス・テーゼを遵守するべく、「知性から何者かが溢れ出すように霊魂が流出した」と表現している。この「霊魂」は、「知性」のように完全な存在ではなく、つねに完全性を求めて上位の「知性」を希求している。ここから、明らかに神話的教義から継承したとみられる「幸運」＝ガブリエル、「勝利」＝ミカエル、「想像」＝セラフィエルの三つ組も生まれる。また、「霊魂」の希求からは運動が生まれ、「時間は運動の量である」と定義される時間も発生する。ここにいたって、形相と質料によって構成される生成消滅界の「自然」が流出する。

やがて、形相と質料が七つの天圏と星辰を形成し、天圏の運動によって乾湿冷熱の四元素が混合して地水火風が誕生する。そこから、植物的霊魂を持つ植物、感覚的霊魂を持つ動物、知性的霊魂を持つ人間の順で発生し、この世界を形作る。このうち、人間だけは個

不可知のアッラー
↓（「あれ」と言って、無から創造）
普遍知性
↓（流出）
普遍霊魂
↓（流出）
自然（＝形相＋質料）

↓
7つの天圏と星辰
↓（天圏の回転による時間の成立）
乾湿冷熱の混合
↓
地水火風の成立

↑（人間のみが普遍霊魂を目指して天上界への帰還を希求する）
人間＝知性的霊魂
↑
動物＝感覚的霊魂
↑
植物＝植物的霊魂

図表21　新プラトン主義哲学化したイスマーイール派宇宙論

別霊魂に与っているので、より完全な普遍霊魂を希求して、どうにか救済にいたる可能性を持つ。人間は天上界の普遍的霊魂の破片を持っているとする人間理解は、神話的教義における天的起源を持ちつつそれを忘却したとする人間理解に近いかもしれない。

　ちなみに、一〇世紀のイスマーイール派ペルシア学派の宇宙論と、一一世紀のファーティマ王朝系のキルマーニーや、ナースィレ・ホスローの宇宙論を識別する際のメルクマールが、図表21の最上部に当たる天上界の説明である。前者は新プラトン主義哲学そのままの「普遍知性＋普遍霊魂＋自然」の三つ組を用いるのに対して、後者はファーラービーの影響を受けてこれを改変し、第一知性から第一〇知性までの一〇個の知性体の流出として説明する。なお、キルマーニーの思想にかんする日本語文献としては、菊地達也『イスマーイール派の神話と哲学』、二〇〇五年を参照。

東方の「聖書ストーリー」発展の最終形態

以上、イスマーイール派の思想を一〇世紀のペルシア学派の段階まで概観した。これをまとめると、以下のようになるだろう。シーア派とは、本来は初期イスラーム政治史のなかで、アリー家のカリフ位就任を支持する政治運動として発展したものだったが、特異なイマーム論を媒介としてイスラーム以前の宗教的要素を導入する端緒を得た。それは、「聖書ストーリー」の預言者論に「秘義開示者」としてのイマーム論を接続し、「聖書ストーリー」を再解釈する可能性を秘めていた。

八世紀前半のメソポタミアでは、正統イマームの言葉と称して、二〜三世紀のグノーシス主義ときわめてよく似た神話的思想がシーア派内部に入り込み、過激シーア派思想（グラート）を形成した。八世紀半ばのイマーム位をめぐる大分裂に際しては、過激シーア派思想を支持する一派がイスマーイール派に、穏健な一派が一二イマーム派に分かれたと推定され、グラートに垣間見られたグノーシス主義的な要素は前者に継承された。イスマーイール派は、グノーシス神話的な教義を標榜する地下活動のなかで徐々に支持基盤を広げたが、イマーム位をめぐる争いからカルマト派とファーティマ王朝に再分裂していった。さらに、一〇世紀前半のイランでは、イスマーイール派は新プラトン主義哲学を吸収し、これをグノーシス主義的教義に接続した。ここにいたり、思想史的にもきわめて珍しいグノーシス主義とギリシア哲学の融合が達成された。

これが、地中海世界でキリスト教として固定した「聖書ストーリー」とはまったく異なり、グノーシス主義から新プラトン主義哲学までを内包した、東方（メソポタミアとイラン）の「聖書ストーリー」発展の最終形態である。

ファーティマ王朝の滅亡

だが、この「聖書ストーリー」から派生したきわめて独創的な教義も、東方で大勢を制するにはいたらなかった。イスマーイール派固有の病癖であるイマームのとめどない乱立によって、彼らは分裂に分裂をくりかえし、自ら活力を浪費していったのである。七六五年に一二イマーム派と袂を分かって以後も、八九九年にカルマト派（メソポタミア、ペルシア湾岸、イラン高原）とファーティマ王朝（北アフリカ）に分かれ、そのファーティマ王朝は一〇二一年にはドゥルーズ派（シリア、レバノン）を分出し、さらに一〇九五年にはニザーリー派（イラン高原の宣教組織）とムスタァリー派（エジプトの王朝本部）に分解した。どんな宗教運動でも、これだけ分裂したら内部から自壊するはずである。いわば、最初期の段階ではイスラーム以前の宗教思想を吸収するに当たってきわめて有利に機能したイマーム論は、彼らの政治的な分裂をとめどもなく誘発する諸刃の剣でもあったのである。

また、哲学的教義を導入した後、イスマーイール派の教義は理性によって万人に了解可能なものとなったはずであるにもかかわらず、彼らはグノーシス主義的な秘教制度だけは堅持した。イスマーイール派の奥深い秘義は決して公開されたものとはならず、正統イマームを頂点とした階層組織のなかで段階的に明かされるに留まった。これは、どう見てもイスマーイール派の教義が世界宗教として成功する際の促進剤になったと言うよりは障害にしかならなかった。地上で唯一、イスマーイール派が政治的な支配権を掌握したファーティマ王朝の版図内でさえ、彼らの信仰は少数派でしかなかった。

最後に、そのファーティマ王朝が幼冲《ようちゅう》のイマーム＝カリフの即位、度重なる内訌《ないこう》、そして十字軍国家の介入によって一一七一年に滅亡すると、イスマーイール派を支える最後の世俗的なファクターも消え去った。後に残ったのは、イスマーイール派の宣教活動に対抗するべくイスラーム世界の多数派が形成したイスラーム法学、イスラーム神学の体系であり、それを支えるためにイスラーム世界各地に建設された膨大な量のマドラサ（イスラーム神学校）だった。二〜三世紀のグノーシス主義諸派が「聖書ストーリー」に対する転倒した価値の提示により、かえって原始キリスト教教会の成立を促した経緯に即してアナロガスに理解するなら、イスマーイール派は神話的教義と新プラトン主義的教義、およびそれを各地のエリート層に喧伝する宣教組織の活動によって、多数派イスラームをスンナ派として固定化させる役割を果たし、滅んでいったと言えそうである。

第六章　「聖書ストーリー」に吸収された
ザラスシュトラ――九～一三世紀のイラン

1 「偽預言者バルク・ザラスシュトラ」

ザラスシュトラ習合のメカニズム

「聖書ストーリー」における「アナザー・ストーリー」の分岐は、一二世紀以降のイスマーイール派の思想的活力の枯渇とともに終止符がうたれたと思われる。では、土着宗教を「聖書ストーリー」に統合する際に派生する「サブストーリー」はどうだっただろうか。それが本章の主題である。

話は少し戻って九世紀頃、サーサーン王朝ペルシア帝国が征服されると、ゾロアスター教徒たちも社会の上層部からつぎつぎにイスラームに改宗し、約三〇〇年間を要してイランの農村部にまで達した。この際、イラン高原では、アルメニアのように土着宗教が「聖書ストーリー」にほとんど反映されないということはなく、教祖ザラスシュトラ・スピターマを「聖書ストーリー」のなかに組み込むかたちで、「聖書ストーリー」とゾロアスター教との妥協が図られた。

このザラスシュトラ・スピターマの「聖書ストーリー」への吸収に際して、主要な役割を果たしたと資料上から確認できる集団が二つある。一つは、イスラーム教徒の東方征服に乗じて布教に訪れた九〜一〇世紀の東方キリスト教のネストリウス派宣教師たちであり、もう一つは、上述のイスマーイール派ペルシア学派の宣教員たちである。前者が「ザラスシュトラの正体」について検討を重ねたシリア語文献にかんしては、コロンビア大学のセム学教授だったリヒャルト・ゴットハイル（一八六二〜一九三六年。シオニストとしての活動の方が有名）が、一八九四年に「シリア語・アラビア語文献に於けるゾロアスターへの言及」という論文のなかで分析している（Gottheil, "References to Zoroaster in Syriac and Arabic Literature," 1894)。以下では、この論文に沿って、東方キリスト教徒によるザラスシュトラ習合のメカニズムを概観してみよう。

「魔術師バラム・ザラスシュトラ」

最初にザラスシュトラを『旧約聖書』の登場人物に当てはめて、ゾロアスター教を「聖書ストーリー」の枠内に位置づけようと試みた人物は、高名なネストリウス派キリスト教徒で、アッバース王朝の「智慧の館」の大翻訳者でもあったフナイン・イブン・イスハーク（八七三年没）の弟子、イーショー・バル・アリー（八九〇年没）である。

バグダードで活躍した彼は、ザラスシュトラがウィーシュタースパ大王の庇護を受けてナオタラ族に宣教した故事を慎重に検討した結果、これは『旧約聖書』の「民数記」に記されているモアブ族の魔術師バラムと、彼を保護したバラク王の別名にちがいないとの結論に達した。彼の理解によれば、バラム・ザラスシュトラは紀元前一〇〇〇年頃のモーセの同時代人であり、出エジプトに成功してカナーンをめざすユダヤ民族の行く手を阻んだモアブ族の出身であろうと考えられた。モアブ族のバラク王（別名はウィーシュタースパ大王である）はユダヤ民族を呪うべく、魔術師バラム・ザラスシュトラを用いて彼らのあいだに偶像神バアルに対する信仰を広めた。この事実こそ、ザラスシュトラがウィーシュタースパ大王の援助を受けて、ナオタラ族のあいだにアフラ・マズダー崇拝――イーショーの意見ではまちがいなく偶像崇拝である――を広めた故事に対応する。

　また、モアブ族の娘たちは、姦計をもってユダヤ民族の若者たちを惑わし、バアル神の信仰に引き込もうとした。これに怒ったユダヤ民族は、魔術師バラム・ザラスシュトラを含むミディアン族を殺害したが、これが異教徒に暗殺されたと伝わるザラスシュトラの最期に符合する。したがって、イーショー・バル・アリーが新たに考案した「聖書のサブストーリー」にしたがえば、ゾロアスター教徒たちはこの魔術師バラム・ザラスシュトラの偶像崇拝に惑わされた人びとであり、速やかにモーセの、そしてそれを更新したイエス・キリストの教えに帰依すべきなのであった。

「偽預言者バルク・ザラスシュトラ」

しかし、同じ頃にティグリス河畔の町へダッタのネストリウス派キリスト教主教を務めていたメルヴのイーショーダード（九世紀没）は、また別の意見であった。彼によると、ザラスシュトラはそんなに古い時代の人物ではなく、紀元前六世紀の人物である。学識深い彼の意見では、『旧約聖書』の「エレミヤ書」に登場する預言者エレミヤの書記、バルク・ベン・ネリヤこそ、ザラスシュトラの前身に当たる。

通常、バルクはエレミヤの忠実な書記であり、師に下された預言を書き留め、エルサレムの神殿でバビロン捕囚が迫っていることを説いた義人と理解されている。彼は結果的には新バビロニア王国のエルサレム侵攻とその神殿破壊（紀元前五八七〜前五八六年）を防ぎ得ず、エジプトに亡命した後、そこで亡くなったという。後には、彼に帰される外典『バルク書』が編纂されるなど、「聖書ストーリー」のなかでは一貫して高く評価されている……。このような事績を見るかぎり、バルクにはザラスシュトラとの共通点がまったく見当たらないのが、イーショーダードの説の大きな欠点であった。

だが、彼はラビ・イシュマエル（紀元後一〜二世紀）の『出エジプトのミドラーシュ・ハラーハー』のなかで、「バルクは、モーセに仕えたヨシュア、エリヤに仕えたエリシャの許には聖霊が到来したのに、エレミヤに仕えた自分のところに来ないのを悩んでいた」とある記事を根拠に、新たな「聖書のサブストーリー」を作りだす。彼によれば、エレミヤの忠実な書記であったバルクは、内心では自分ではなくエレミヤの方に神の預言が下されるのに深い嫉妬を抱いていた。そこで、エルサレムが陥落した後、エジプトへは行かずに東へ向かい、自分こそ預言者であると宣言した。もちろん、「聖書ストーリー」から見れば、偽預言者の出現である。そして、彼が東方で名乗った名前が、何を隠そうザラスシュトラなのである。

偽預言者バルク・ザラスシュトラは、処女マリアからのイエスの誕生を予言し、弟子たちにその際は祝福に赴くように伝え、さらに一二ヵ国語を勉強して悪魔の書である『アヴェスター』を完成させた。バルク・ザラスシュトラがイエスの誕生を予言したとのストーリーは、まんざら根拠がないわけでもなく、クリスマス・イブに東方の三博士（ゾロアスター教神官たち）がなぜかイエス誕生を祝福にやってくる伏線となっている。しかし、神の預言を託されていない偽預言者であることには変わりなく、最期は悲惨な死を遂げたとされる。この説の長所は、「聖書ストーリー」と何の関係もないゾロアスター教徒である東方の三博士たちが、突如としてイエスの降誕を祝福しに現れるという『新約聖書』の弱点を見事に補ってくれる点にあった。

「後に逸脱してしまった人物」

九世紀というほぼ同時期、しかも同じメソポタミアで活躍した二人の東方キリスト教徒学者が、方法論は異なるとはいえ、ザラスシュトラを「聖書ストーリー」の登場人物になぞらえて理解しようと試みたのである。「聖書ストーリー」の波が、確実に「東方」を侵食していた証左である。

而して、この後の東方キリスト教徒学者が継承したのは、『旧約聖書』のなかからザラスシュトラとウィーシュタースパ大王の類似例を抽出したイーショー・バル・アリーの学説ではなく、バルクの足跡を脚色して『新約聖書』のイエス誕生譚をうまく説明したイーショーダードの学説の方であった。まず、一〇世紀のバグダードで活躍した著名なシリア語辞書編纂者ハサン・バル・バフルール（九六三年没）が、イーショーダードの説明をそっくり継承する。つづいて、一三世紀のバスラのネストリウス派キリスト教主教ソロモン（一二二二年誕生）も、シリア語主著『蜜蜂の書』のなかでそれを踏襲した。東方キリスト教のなかでも別の宗派であるヤコブ派のカトリコスだったバル・ヘブライオス（一二八六年没）になると、さらに別の情報が付け加わり、バルク・ザラスシュトラはアゼルバイジャン出身で、イエスのクリスマス生誕だけでなく、マリアの処女懐胎まで予言して的中させ

著者	著者生没年	内容
イーショー・バル・アリー	890年没	ザラスシュトラはバラム（『旧約聖書』「民数記」の魔術師）と同一人物。
メルヴのイーショーダード	9世紀没	ザラスシュトラはバルク（『旧約聖書』「エレミヤ書」における預言者エレミヤの書記）と同一人物。彼は預言者になれなかったので、12ヵ国語を学んで悪魔の書である『アヴェスター』を作成したとされる。
ハサン・バル・バフルール	963年没	ザラスシュトラはバルクと同一人物。
バスラのソロモン	1222年誕生	ザラスシュトラはバルクと同一人物で、弟子たちにイエスの誕生を予言した。
バル・ヘブライオス	1286年没	ザラスシュトラはアゼルバイジャンの出身で、エレミヤの弟子。マリアの処女懐胎を予言した。

図表22　シリア語文献におけるザラスシュトラ像の変遷

ることになっている。これを一覧表にまとめると、図表22が得られる。

以上、九〜一三世紀の東方キリスト教のなかでは、ザラスシュトラを『旧約聖書』の登場人物に比定して理解しようという傾向が顕著だった。しかし、それは、『旧約聖書』中の「ユダヤ民族に敵対する魔術師」とか、「預言者に嫉妬する偽預言者」といった人物との同定であって、いわば、ザラスシュトラを「聖書ストーリーの枠内にあったが、後に逸脱してしまった人物」と、否定的に認識するものであった。果たして、ゾロアスター教徒たちがこれらの説を拝聴して、東方キリスト教に改宗したくなったかと言えば、その可能性はかぎりなくゼロに近かったのではないだろうか。

2 「アッラーの使徒アブラハム・ザラスシュトラ」

イスラーム教徒による三段階のザラスシュトラ習合

つぎに、東方キリスト教徒にやや遅れて、イスラーム教徒の学者たちも「ザラスシュトラとは何者なのか？」という課題に取り組むことになった。この問題にかんする彼らの学説は、一〇〇年以内という比較的短い期間に、三段階で大きく変化している。すなわち、

①九世紀後半には、ゾロアスター教徒たちの教祖伝説をそのまま受容する段階
②九世紀末〜一〇世紀初頭になると、東方キリスト教徒の学者たちの学説をそのまま受容する段階
③一〇世紀前半には、それらを総合してイスラーム教徒学者独自のザラスシュトラ像を生み出す段階

である。

彼らが「ザラスシュトラの正体」について思念を凝らしたアラビア語文献にかんしては、ヨーロッパにおけるゾロアスター教研究の創始者であったオックスフォード大学のトーマス・ハイド（一六三六～一七〇三年）が一七〇〇年に発表した論文（Hyde, *Historia religionis veterum Persarum eorumque magorum*, 1700）と、上述のゴットハイルの同僚だったウィリアム・ジャクソン（一八六二～一九三七年）が一八九九年に公刊した研究書（Jackson, *Zoroaster: the Prophet of Ancient Iran*,1965〔reprint〕）が基本である。以下では、これらにもとづいて、イスラーム教徒によるザラスシュトラ習合のメカニズムを概観してみよう。

「ザラスシュトラ＝神官」

イーショー・バル・アリーやイーショーダードと同じ九世紀のバグダードで活躍したイスラーム教徒歴史家アフマド・イブン・ヤフヤー・バラーズリー（八九二年没）は、ペルシア州に生き残っていたゾロアスター教神官団からの伝聞そのままに、ザラスシュトラはオルーミーイェ出身の神官であると記述している。イスラーム教徒の場合、東方キリスト教徒とは違って、父や祖父の代にゾロアスター教から改宗したケースも多く、直接・間接の伝聞によってかなり正確なゾロアスター教伝承が広まっていたようである。

以後、彼の「ザラスシュトラ＝神官」説はイスラーム教徒学者のあいだで広く受け入れられ、アブー・ハニーファ・ディーナワリー（八九六年没）、イブン・ナディーム（九三五年没）、マスゥーディー（九五七年没）、ハムザ・イスファハーニー（九七〇年没）などがこれを継承している。

「ザラスシュトラ＝エレミヤの弟子」

だが、一〇世紀に入ると、同じバグダードで活躍した歴史家タバリー（九二三年没）が、明らかにネストリウス派キリスト教徒学者から得たと思われる「ザラスシュトラ＝エレミヤの弟子」説を記述しはじめる。ただ、イスラームではエレミヤそのものがユダヤ教の預言者としてさほどポピュラーではなく、おまけにエレミヤを緑の妖精ヒドゥルに比定しているせいもあって、タバリーが高名な学者だったわりには、この学説のめぼしい継承者はアリー・イブン・アシール（一二三三年没）くらいしか見当たらない。彼の歴史書の前半はタバリーの孫引きとされるので、これは主体的な選択の結果というより、偶然の継承だったようである。

ザラスシュトラに肯定的な評価

以上が、ハイドとジャクソンによる一八九九年までの研究成果である。しかし、一九三〇年代になると、現代まで生き残っていたイスマーイール派の末裔（彼らが何者であるかは、本書第五章を参照）が、それまで門外不出としていた自派のアラビア語文献を公開しはじめ（Daftary, *The Ismāʿīlis: Their History and Doctrines*, 2007, pp. 30ff.）、二〇世紀中盤以降、彼らにかんする研究が急速に進んだ。

そして、それらの文献から再構成されるところによると、イスマーイール派ペルシア学派の思想家ムハンマド・ナサフィーが、一〇世紀前半に「ザラスシュトラはアブラハムの教えに忠実だった」と唱え、はじめて「聖書ストーリー」の文脈でザラスシュトラに肯定的な評価を下しはじめるのである。以下では、ラーズィーの『キターブ・アル・イスラーフ』中に三回引用されているナサフィーのパッセージを検討してみよう。

①「マギは、第三の告知者（アブラハム）のシャリーアを堅固に保持する者たちである（anna al-Majūsa, hum, mutamassikūna bi-sharīʿati an-Nāṭiqi ath-thālithi）」（Rāzī, *Kitāb al-Iṣlāḥ*, 1998, p. 148, l. 8）

②「アブラハムは、マギたちに命じて、（太陽が）回っている間は、（天空でその時々の方角にある）太陽を礼拝方向とした（anna Ibrāhīma, amara al-Majūsa, bi-stiqbāli ash-shamsi, haythumā dārāt）」（Rāzī, *Kitāb al-Iṣlāḥ*, 1998, p. 154, l. 2）

③「アブラハムについては、彼らは彼を火の中に投げ入れた。何故なら、この時代の人々は、火に跪拝したものだからである（anna Ibrāhīma, innamā alqawhu fī an-nāri, li-anna ahla dhālika az-zamāni, kānū yasjudūna li-n-nāri）」（Rāzī, *Kitāb al-Iṣlāḥ*,1998, p. 156, l. 5）

これらによれば、ナサフィーは、太陽崇拝と拝火儀礼をゾロアスター教教義の中核と捉えていたことがわかる。そして、アブラハムもそれらを唱えているが故に、彼とザラスシュトラ／ゾロアスター教徒は継承関係にあったと立論している。

また、当時のイスマーイール派ペルシア学派のなかで、ナサフィーに近い立場にあったとされるアブー・ヤァクーブ・スィジスターニーも、「ザラードゥシュトとベフ・アーファリードとマズダクは、己が定めた宗教をアブラハムに結び付けた」（Sijistānī, *Kitāb Ithbāt an-Nubūwat*, 1982, p. 83, ll. 12-13）と、ザラスシュトラとアブラハムの関係を肯定している。この証言は、当時にあって両者に関連を認める傾向があったことを示している。

ちなみに、ナサフィーが想定するゾロアスター教教義では、太陽崇拝が占める比重が、パフラヴィー語文献から確認される九〜一〇世紀のペルシア州での教義にくらべて非常に高い。これには、ナサフィーが、イラン高原東部から中央アジアを管轄する宣教員だったという事情が絡んでいると見られる。

写真7　イランのペルシア州東部にある拝火神殿の廃墟（著者撮影）

セム的一神教の正統的な預言者

これに対して、ナサフィーの理論には大概反論するイスマーイール派ペルシア学派の同僚ラーズィーが、やはりここでも異を唱えている。

第一に、歴代イマームのハディースに依拠した反論が二つある。

①ウマルがマギを殺害しようとした時、アミール・アル・ムゥミニーン・アリーが彼に仰った。「彼らには、預言者もあれば啓典もある。ただ、彼らは彼らの啓典を破壊してしまったのだ」。こうして、彼（アリー）は彼（ウマル）を彼ら（マギたち）の殺害から押し止め

た。マギたちは、彼（アリー）には、こう知られていたのである。そして、これは、ウンマでは周知のことである。（Rāzī, *Kitāb al-Iṣlāh*,1998, p. 152, ll. 12-14）

②（ジャアファル・）サーディクについて、こう伝えられている。彼は、マギの預言者と言われるザルドゥフシュト（Zarduhsht）について問われた時、こう答えた。「これはザルドシュト（Dhardusht）であって、その意味は〃信用できるシャイフ〃である。彼は、諸預言者のなかの預言者で、彼ら（マギ）の為に法を制定したものの、マギはそれを変更し、おまけに改変してしまったのだ」。（Rāzī, *Kitāb al-Iṣlāh*,1998, p. 158, ll. 9-11）

すなわち、シーア派諸派にとっては至高の権威を有する第六代イマーム・ジャアファル・サーディクが、ザラスシュトラとマギを切り離し、前者を高く評価している（という話が伝わっている）のである。つまり、ザラスシュトラはセム的一神教の正統的な預言者であるものの、後継者であるマギたちがいたらなかったので、ゾロアスター教を逸脱させたという理解である。

ふるまいの差異

第二に、イスラームで伝えられるアブラハムの言行と、ラーズィーが目にするゾロアスター教徒のふるまいの差異を突く論法がある。以下では、その例を抽出してみよう。

③マギたちが、彼らはアブラハムのシャリーアに則り、彼らの宗教はアブラハムの時代に明らかになったと主張するのであれば、それは間違いである。彼らのなかには、アブラハムの諸シャリーアに一致するものはないのである。……（中略）……例えば、アブラハムが彼のシャリーアに規定したような、割礼、メッカ巡礼、最近親婚の禁止、その他である。（Rāzī, *Kitāb al-Iṣlāḥ*, 1998, p. 149, ll. 1-5）

すなわち、ラーズィーによれば、ゾロアスター教徒はアブラハムが規定したような割礼、メッカ巡礼、最近親婚の禁止を実践していないので、ザラスシュトラがアブラハムの教えに忠実だったとはとても認められない。実際のところ、ザラスシュトラとユダヤ教には何の歴史的接点もないし、習慣もまったく異なるのだから、これはもっともな反論であった。

ザラスシュトラ認識の劇的な転回

やがて、一二世紀のイスラーム神学者アブー・ファトフ・シャフラスターニー（一一五三年没）にいたると、とうとうアブラハムこそザラスシュトラの真の姿であると唱えはじめる。ちなみに、近年の研究成果によれば、彼は表向きアシュアリー派神学者を装っていたものの、実際にはイスマーイール派の一員であったと主張されている（Steigerwald, "The Contribution of al-Shahrastani to Islamic Medieval Thought," 2005, pp. 262-273）。

シャフラスターニーは、ナサフィー理論をさらに一歩進めて、明確にザラスシュトラとアブラハムを同一視する。シャフラスターニーは、この同一視を正当化するために、著書のさまざまな箇所で、

- 「古代ペルシアのすべての王たちは、じつはアブラハムの宗教を信仰していた」（Shahrastāni, 1366-1375 AH *Kitāb al-Milal wa al-Niḥal*, p. 180）
- 「啓典（al-ṣuḥuf）がアブラハムに下されたが、これはマギたちがなした新奇なことども（li-ahdath ahdatha-hā al-Majūs）の故に天にすでに引き上げられてしまっている」（Shahrastāni, 1366-1375 AH *Kitāb al-Milal wa al-Niḥal*, p. 189）
- 「マギたちが火を崇めるのは、アブラハムを焼かなかったためである」（Shahrastāni,

1366-1375 AH *Kitāb al-Milal wa al-Niḥal*, p. 235）

と主張している。散発的な言及なので相互の関連は不明だが、いずれもザラスシュトラ／マギとアブラハムの密接な関係を前提としており、先行するナサフィー理論を背景にしなくては表明できない主張と思われる。

このように、シャフラスターニーが、著書の別々の箇所で、ナサフィー理論を前提とした可能性が高い説を展開しているということは、両者の継承関係を予想させる。もしかすると、この時期にザラスシュトラ認識が劇的に転回した背景には、ナサフィー↓シャフラスターニーと連なる一〇～一二世紀のイスマーイール派の知的営為があったのかもしれない。この時期のゾロアスター教とイスマーイール派ペルシア学派との関係は、今後の研究課題である。

この説明は、一一二六年に完成した著者不明の『ムジュマル・アッ・タワーリーフ』のなかでもくりかえされており（*Mujmal al-Tawārikh* 1318 AH, p. 92）、以後のイスラーム教徒のあいだでは、バラーズリーの「ザラスシュトラ＝神官」説と並ぶザラスシュトラ理解の二大学説となるにいたった。九世紀から一六世紀にいたるまでのアラビア語文献におけるザラスシュトラ像の変遷については、図表23をご覧いただきたい。

著者	著者情報	内容
アフマド・イブン・ヤフヤー・バラーズリー	892年没。イラン系の歴史家。バグダードで活躍	ザラスシュトラのオルーミーイェ出身説
アブー・ハニーファ・ディーナワリー	896年没。クルド系の歴史家	ウィシュタースプ伝説が主
タバリー	923年没。アーモル出身の歴史家。バグダードで活躍	ザラスシュトラはエレミヤの弟子。その後、マギの宗教を開教
アブー・ハーティム・ラーズィー	933/4年没。イスマーイール派ペルシア学派宣教員	ザラスシュトラはモーセの属僚
イブン・ナディーム	935年没。バグダードの書籍商	ザラスシュトラの略伝
ムハンマド・ナサフィー	942年没。イスマーイール派ペルシア学派宣教員	ザラスシュトラはアブラハムの教えに忠実
マスゥーディー	957年没。バグダードの歴史家	ウィシュタースプ伝説が主
ハムザ・イスファハーニー	970年没。イスファハーンの歴史家	ディーナワリーより若干詳しいウィシュタースプ伝説
『ムジュマル・アッ・タワーリーフ』	1126年に完成した著者不明の近世ペルシア語歴史書	ザラスシュトラをアブラハムに比定する
シャフラスターニー	1153年没。イスマーイール派神学者	ザラスシュトラはアブラハムの仮の姿である
ヤークート	1229年没。アナトリア出身の地理学者	ザラスシュトラはマギたちの預言者で、イエスの誕生を予見した
アリー・イブン・アシール	1233年没。タバリーを継承した歴史家	ザラスシュトラはエレミヤの弟子で、アゼルバイジャンで開教
バイダーウィー	1286年没。シーラーズの法官	ザラスシュトラの教えの概説
アブ・ル・フィダー	1273～1331年。ダマスカス生まれの歴史家	ザラスシュトラのオルーミーイェ出身説
ハーンダミール	1475～1534年。歴史家	ザラスシュトラと拝火教の解説

図表23　アラビア語文献におけるザラスシュトラ像の変遷

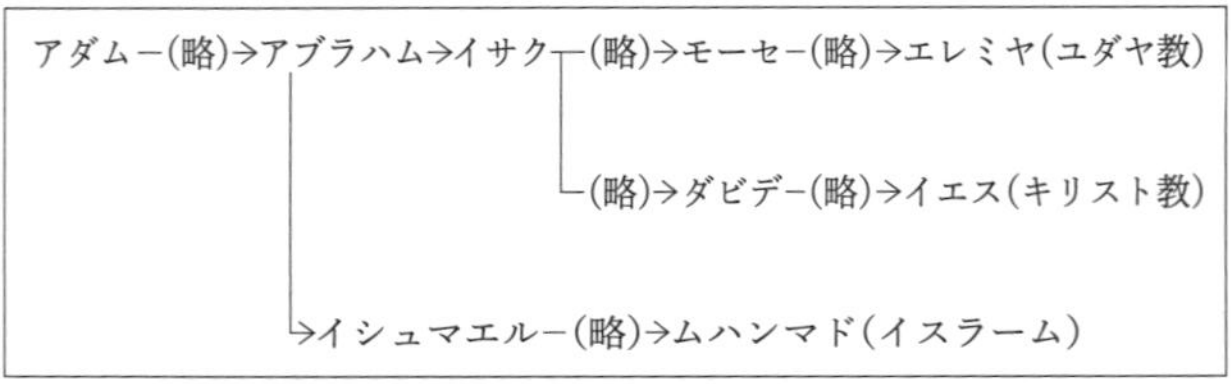

図表24　「聖書ストーリー」の預言者の系譜

3　「聖典の民」ゾロアスター教徒

アブラハムかモーセか

最後に、ナサフィーとラーズィーの相違点、つまり、ザラスシュトラをアブラハムと結びつけるか、モーセ（エレミヤでも同様）と結びつけるかによって生じる宗教思想上の相違を検討しよう。周知のように、ムスリムが想定する「聖書ストーリー」の預言者の系譜は、図表24のようにまとめられる。

仮にザラスシュトラをモーセと結びつけると、彼はユダヤ教からの逸脱者となる。イスラーム的には「二流の啓典の民」であるユダヤ教からの逸脱者とすると、ザラスシュトラの立場は微妙である。また、こう位置づけた場合、ゾロアスター教とユダヤ教の相違を列挙することによって、容易に前者の逸脱を指摘することができ、ゾロアスター教徒にとって不利な結果を招く。これが、たぶん、ラーズィーが意図していた結論である。

これに対して、ザラスシュトラをアブラハムと直接結びつけた場合には、アブラハムがすべての「聖書ストーリー」の祖である以上、ゾロアスター教は正統的な「聖書ストーリー」の一種としての地位を狙える。この場合、ユダヤ教・キリスト教・イスラームとゾロアスター教との理念上の間隔は開くので、それらとのディティール比較がゾロアスター教にとって不利な結果を齎す危険は大幅に回避される。これが、おそらくは、ナサフィーや一三世紀以降のゾロアスター教徒が意図していた結論である。これは、ゾロアスター教徒にしてみても、充分に旨味のある説であった。

聖書ストーリーのなかへ

こうして、東方キリスト教徒の学者やイスラーム教徒の学者から熱心に「ザラスシュトラ＝聖書ストーリーの登場人物」説を説かれると、ゾロアスター教徒の側でもだんだんその気になってきたようで、一三世紀にいたるとゾロアスター教ペルシア語文献のなかではじめて、ザラスシュトラは「アッラーの使徒(Rasūl)」の語を冠して呼ばれるようになる(Stausberg, *Die Religion Zarathushtras: Geschichte - Gegenwart - Rituale*, 2002, p. 48)。そして、ゾロアスター教徒がザラスシュトラと同定すべき人物として、

・バラム
・バルク
・モーセの属僚
・アブラハム

という選択肢のなかからどれを選ぶかとなると、これは当然「アブラハム＝ザラスシュトラ」説しかなかった。一三世紀のゾロアスター教徒詩人ザルトシュト・バフラーム・パジュドゥーは、近世ペルシア語詩のなかで、

預言者アブラハム、すなわちザラスシュトラは、カイ王朝の末裔
カイ王朝が続くかぎり、ダストゥール・アブラハムの教えは清浄に保たれた

と詠み、古代ペルシアの信仰そのものが、ザラスシュトラすなわちアブラハムの教えであったことを証している（Dhābhar, *The Persian Rivayats of Hormazyar Framarz and others*, 1932, p. 587）。ここにいたってはじめて、ゾロアスター教徒自身による教祖観の転換が確認され、

「アッラーの使徒アブラハム・ザラスシュトラ」が誕生したことになる。こうして、とうとう自他ともに認めるにいたり、ゾロアスター教は「聖書ストーリー」のなかに組み込まれていったのである。

「ザラスシュトラ＝アブラハム理論」の意義

以上を総合すると、本章の結論は以下のようになる。すなわち、九〜一〇世紀のザラスシュトラ認識は、

①ゾロアスター教徒の「アーリア人神官説」
②東方キリスト教教会の「聖書ストーリーから逸脱した人物説」
③ナサフィーの「聖書ストーリーの正統説」

の三つに分かれる。九世紀には、イスラーム教徒のあいだでも「アーリア人神官説」が優勢だったが、この説はペルシア州における組織的なゾロアスター教神官団の消滅とともに姿を消した。一〇世紀には、イスラーム教徒のあいだで、東方キリスト教教会から受け継いだと見られる②の「聖書ストーリーから逸脱した人物説」と、イスマーイール派ペルシ

ア学派のあいだではじめて唱えられた③の「聖書ストーリーの正統説」の二つが並行し、論争がくりひろげられた。

一二世紀になると、イスラーム教徒のあいだでは両論が流布していたものの、シャフラスターニーがザラスシュトラをアブラハムと結びつける説を採り、以後はこちらが主流になる。やがて、一三世紀にはゾロアスター教徒も「ザラスシュトラ＝聖書ストーリーの預言者説」を受け入れ、ザルトシュト・バフラーム・パジュドゥーに見られるように、教祖をアブラハムと同一視するまでに教祖認識が改変された。この説明が一七世紀にはヨーロッパに達してハイドの著作に反映し、その余波は現代の欧米のゾロアスター教研究者にまでおよんでいるのである。

現在までに明らかになった文献の範囲内では、「ザラスシュトラ＝聖書ストーリーの正統説」を最初に唱えた栄誉は、シャフラスターニーではなく、ナサフィーに帰せられる。また、シャフラスターニーは、独自にザラスシュトラを預言者視したのではなく、イスマーイール派思想家としてナサフィー理論を継承したと考えられる。さらに、ナサフィーがザラスシュトラをアブラハムと結びつけた意図は、ゾロアスター教を「聖書ストーリー」のなかで優位な位置に置くためで、単純な預言者選択の問題ではなかったと推定される。

以上が、近年公開されたイスマーイール派ペルシア学派のアラビア語文献に依拠し、イ

	9世紀	10世紀	11〜12世紀	13世紀
ゾロアスター教神官団	古代アーリア人の神官	古代アーリア人の神官	資料なし	セム的一神教の預言者へ転換
東方キリスト教教会	旧約から逸脱した人物	旧約から逸脱した人物	資料なし	旧約から逸脱した人物
イスラーム教徒	古代アーリア人の神官（ゾロアスター教徒からの伝聞？）	①タバリーやラーズィーは旧約からの逸脱者説 ②ナサフィーが新たにセム的預言者説を主張し、ラーズィーと論争	①資料なし ②『ムジュマル』やシャフラスターニーは、ナサフィー説を推し進めて、ザラスシュトラ＝アブラハム説	①イブン・アシールがタバリー説を継承 ②資料なし

図表25　ザラスシュトラの聖書ストーリーへの吸収

スラーム学の最新成果をゾロアスター教研究に応用した試論である。これによって、従来はブラック・ボックスだった一〇〜一三世紀のザラスシュトラ認識の変遷を、ミクロレベルで追究することが可能になった。本章の結論をまとめると、図表25が得られる。

「聖書ストーリー」による東方全域の支配の完成

ここまでが、「聖書ストーリー」がメソポタミア平原を越え、東方の異教中最大の勢力を誇っていたイラン高原のゾロアスター教を取り込んでいった最後の一齣《こま》である。冷厳な事実に照らせば、サーサーン王朝ペルシア帝国が滅んだ後も、神官団の組織力だけに依拠して決して自らの信仰を捨てなかったゾロアスター教徒たちも、彼らの詩人が「ザラスシュトラ＝アブラハム」と持ち上げられてそれを受け入れた段階で、ついに「聖書ストーリー」に吸収されたと見ることができる。

だが、恐るべき伝播作用と同化力を内蔵しているように見えた「聖書ストーリー」も、彼らの内部から出現したイスマーイール派と、彼らとは異質なゾロアスター教を屈服させて「完成」したその瞬間に、成長が止まり、緩慢な死へ向かっての第一歩を踏み出したのである。ザラスシュトラを同化した時、同時に東方における宗教思想の沸騰が止み、最後に勝ち残ったスンナ派イスラームが固着化して社会のあらゆる面を律してゆく。このような「聖書ストーリー」による東方全域の支配の完成、およびそれとメダルの表裏をなす「聖書ストーリー」の「完成による死」が、終章の主題である。

終章　「今日、われ（アッラー）は宗教を完成させた」

1　疾風怒濤時代の終焉

一三世紀という画期

「聖書ストーリー」が東方に進出してからの一〇〇〇年間というもの、メソポタミアやイランの民の宗教的想像力の坩堝《るつぼ》は沸点を維持しつづけ、そのなかでさまざまな化学反応が起こっては消えていった。この間、我々の暦が指し示す時間、我々の地図に表された空間とは別の次元において、時間と空間が紛糾し、神と預言者と人間のあいだでさまざまな契約が結ばれた。

マンダ教徒たちはメソポタミア南部の沼沢地帯のなかで、ユダヤ教や原始キリスト教教会の全ストーリーに反抗したし、マーニー教徒は逆に「我こそは真のキリスト教徒なり」と名乗って、全世界で原始キリスト教教会に取って替わろうとした。アルメニアでは、古いアーリア人の神であるミトラへの信仰が正統使徒教会の教えに塗り替えられ、ゾロアスター教はズルヴァーン主義から二元論に変身し、イスマーイール派はグノーシス主義が隔世遺伝した亡霊のように、彼らの特異な宗教思想を四〇〇年にもわたって宣教しつづけた。三位一体論を奉じるキリスト教や多数派イスラームの目から見れば、東方は恐るべき邪宗が猖獗《しょうけつ》をきわめた悪魔の土地だった。

だが、一三世紀を迎えると、この宗教思想の奔騰がにわかに止んでしまう。イスマーイール派は最終的に没落し、東方最大の異教であったゾロアスター教も「聖書ストーリー」のなかに場を与えられて安住する。マンダ教もマーニー教も、すべて時代の好尚《こうしょう》に背いたものとなった。ミトラ信仰にいたっては、影も形も残さずに完全に消え去った。そして、東方の坩堝もようやく冷え、そのなかで固まった結晶が、十全なイスラーム法とイスラーム神学の体系を具えたスンナ派イスラームとして出現した。これによって、預言者ムハンマドがアッラーの最後の使徒であること、そこにはいかなる「アナザー・ストーリー」も、これ以上の「サブストーリー」も付け加わる可能性がないことが確定したのである。「聖書ストーリー」による周辺諸民族の神話群の吸収、地理的拡大、および内容の深化という観点から見た場合、オリエントの宗教思想史は、明らかに一二〜一三世紀で一つの区切りを迎える。

東方の宗教的想像力の「完成による死」

尽きざる酩酊のなかにあったような東方の疾風怒濤の終わりが、一三世紀でなくてはならなかった理由は何だったのだろうか？　この終焉は、それまで狂乱のかぎりを尽くしていた異教の魔神たちが、指輪の呪文によって一瞬でランプのなかに封じ込められてしまったかのように完璧である。西アジアの歴史のなかで、もう二度とマーニー教やイスマーイール派がグノーシスの教えを説くこともなかったし、ミトラ信仰やゾロアスター教などのアーリア人の宗教が復活することもなかった。

もしかすると、ザラスシュトラがアブラハムと取り違えられた時、ゾロアスター教の詩人たちは喜んでいないで、もっと強く抗議するべきだったのだろうか？（しかし、精一杯好意的な解釈を示してくれたイスラーム教徒学者に抗議するのは、難しそうである）。イスマーイール派の現実的支持基盤であったファーティマ王朝が、内部抗争で自壊したのがいけなかったのだろうか？（だが、一個の宗教思想は、王朝の興亡とは自ずから別のエネルギーによって突き動かされているはずである）。それとも、疾風怒濤の後に来たスンナ派イスラームが、東方の諸思想を圧殺し去ったのだろうか？（イスラームの知的体系の拡充が、東方の「聖書ストーリー」を最終的に固着化させたのは間違いないだろうが、外圧となってアナザー・ストーリーを滅ぼしたとまでは言えなさそうである）。

筆者としては、神話時代から東方の地に眠っていた無尽蔵とも思える宗教的エネルギーが、「聖書ストーリー」という格好の信管を得て誘爆しつづけ、一〇〇〇年のあいだにようやく蕩尽された結果ではないかと考えている。後世から顧みれば、イスマーイール派の政治的意図を含んだ宣教活動と、ゾロアスター教の完全二元論への脱皮が、東方の宗教的想像力の最後の残照だった。やがて、夕映えが夜の静寂《しじま》を予感させるように、東方の星空の下で神と人間の最後の黙契が結ばれ、すべてが——少なくとも宗教思想の次元では——平穏に還り、ベタ凪《なぎ》の夜が訪れた。その契約にあっては、諸民族の神話群も「聖書ストーリー」の擾乱もうたかたと消え去り、ただスンナ派イスラームだけが、まるで預言者ムハンマドの死の直後からそこにあったかのように残った。

だが、本当は、東方におけるこの挫折によって、何か偉大な宗教思想の可能性が死んだのである。ヨーロッパでは一九世紀まで、西アジアでは今にいたるまで、人類の思想を規定してきた巨大な啓示神話の体系が冷えて固まり、イエス以降、またはムハンマド以降、もう如何なる更新も許さないと最終的な宣告が下された。西方では最初からそのような宗教的想像力のマグマはなく、「聖書ストーリー」に対して大きな反抗もなされなかったが、東方では「アナザー・ストーリー」や「サブストーリー」が自然に流露していた。それが尽きた時、メソポタミア・イランにおいても、「聖書ストーリー」は一種の「完成による死」を迎えた。完成した姿が、そのまま墓標になってしまったのである。

2 「聖書ストーリー」の完結

イスラーム完成の時期

同じ事態を、今度はイスラームの側から眺めてみよう。ヒジュラ暦一〇年（西暦六三二年）のズルヒッジャ月一八日、預言者ムハンマドはガディール・フムの泉で、

「今日、われ（アッラー）はあなたがたのためにあなたがたの宗教を完成し、またあなたがたに対するわれの恩恵を全うし、あなたがたの教えとして、イスラームを選んだのである」（『クルアーン』第五章第五節）

との啓示を受けた（とされる）。公式教義にしたがえば、イスラームは正確にこの日付に完成した。イスラームの完成をどんなに遅く考えるにしても、一般には、

①ヒジュラ暦一一年（西暦六三二年）のラビーウ・ル・アッワル月一二日に、預言者ム

ハンマドが死去し、これ以上アッラーの啓示が降される可能性が永久に断たれた時。

②六五〇年頃に、第三代カリフ・ウスマーンによって『クルアーン』がまとめられ、異本はすべて廃棄されて、聖典が確定した時。

のどちらかをもってイスラームの完成とする。

たしかに、イスラーム史という文脈で見れば、啓示の完成＝イスラームの完成である。しかし、まさにガディール・フムの泉の啓示につづけて、ムハンマドがアリーを後継者に指名したか否かをめぐり、イスラームはシーア派諸派を分岐させ、そのなかの過激な一派が古代末期の諸思想を吸収したと思われるかたちで混乱がつづいた。それが収束するのは、第五章の末尾で述べたように、イスマーイール派の宣教活動に対抗すべくセルジューク王朝（一〇五五年バグダード入城〜一一五七年滅亡）が西アジア各地の主要都市にニザーミーヤ学院を建設し、そこにおけるジュワイニー（一〇八五年没）やアブー・ハーミド・ガザーリー（一一一一年没）などのウラマーたちの活動によって、イスラーム法学とイスラーム神学の公的教義の骨格が固まってからである。すなわち、ガディール・フムの泉の出来事から約五〇〇年を経て、ようやくイスラームの多数派がスンナ派イスラームとして制度的に定立したわけである。

もうこれ以上のエンディングは生まれない

このスンナ派イスラームの成立は、東方の宗教史上では二重の意味での完成として位置づけられる。一つは、言うまでもなくイスラームの知の体系の最終的な完成である。厳密に聖典『クルアーン』と最終預言者ムハンマドの言行録のみに即したイスラーム法学とイスラーム神学が完成し、幾何学的なアラベスクの美しさでイスラーム社会を覆った。預言者ムハンマドの啓示は、この段階にいたって堅固で豪壮なファサードを手に入れ、共生感を持って生きられるイスラーム共同体を生み出した。イジュティハード（イスラーム法の独自解釈）の門は閉じられ、タクリード（追随的解釈）の門が開かれたのである。だが、その栄光の陰では、古代オリエントから引き継いだ多くのものが、イスラーム社会からこぼれ落ちてもいった。

もう一つの意味は、最終的に生き残ったイスラームによって代表される「聖書ストーリー」の完結である。ヨーロッパの宗教思想は早くにキリスト教に凝固してしまったが故に、我々の意識の端にはほとんど昇ることはないが、東方では「聖書ストーリー」は延々と胎動し、アナザー・ストーリーとサブストーリーを生み出しつづけていた。それが、ようやく打ち止めとなったのである。紀元前を遡ること数百年の以前から語り伝えられてきた古い物語が、最終預言者ムハンマドの啓示で終結したのである。もちろん、このストーリーを、ユダヤ民族の苦難の歴史だけで終わらせる人びともいるし、イエスが神の一人子であることを信じる人も多い。預言者の封印マーニーを完結編と思う人びとは滅んだが、ムハンマドを完結編と考える人びとは増えつづけている。

「聖書ストーリー」のどのエンディングを気に入るかは各人の好みだろうが、肝心なのは、もうこれ以上のエンディングは生まれないという点である。このような二重の意味において、一三世紀の時点で、本当に「今日、われ（アッラー）は宗教を完成させた」のである。

エピソード１：「文学的グノーシス」の地下水脈

エピソード１として、「イスラームのグノーシス」の遺産について少し触れておきたい。本文中で述べたように、グノーシス主義的な思想構造は、「聖書ストーリー」の価値逆転によって骨格を与えられ、2〜3世紀の原始キリスト教教会に対するグノーシス主義諸派と、8〜9世紀の多数派イスラームに対するイスマーイール派の宣教に顕著に見られた。したがって、「聖書ストーリー」がこれ以上の擾乱作用を受けつけなくなった12世紀以降は、グノーシス主義的な思想構造には成立の余地がなくなったはずである。

しかし、現実は必ずしもそうはならなかった。12世紀以降のイスラーム世界では、たしかに預言者論や神の位階の面で価値を転倒させるような議論はなされなくなる。そういう意味では、スンナ派イスラームの規制力は、前代とは比べものにならないほど強くなっていた。しかし、同じ12世紀からは、シハーブッディーン・スフラワルディー（1191年没）をはじめとするイスラーム神秘主義思想家たちが、「人間霊魂の肉体への捕囚」「光の故郷への覚醒」などといったテーマを文学に昇華し、いわば「聖書ストーリー」抜きのグノーシス主義的霊魂論・救済論を生み出すのである。しかも、どういうわけか、とっくに消え去ったはずのアーリア人の神話のモチーフまで文学的に再利用し、あたかもイラン高原の地でなおも東方の坩堝の余燼が燻っているかのような観を呈する。

残念ながら、これらの神秘主義思想や文学活動と2〜3世紀のグノーシス主義との関係は、資料を欠くためにわかっていない。時代が近接するイスマーイール派思想との関係でさえ、よくわからない。現段階の研究では、グノーシス主義的な「構造」ならぬグノーシス主義的な「発想」を受け継いだ神秘主義文学というかたちで、グノーシス主義がなおもイスラーム思想の地下水脈として命脈を保ったと指摘することができるだけである。残念ながら、この問題は「聖書ストーリー」を主題とする本書が扱う範囲の外にある。

エピソード2:現代の「聖書ストーリー」エンディング別信者数

エピソード2として、13世紀に完成してしまった「聖書ストーリー」のエンディング別の、現代における信者数を概観してみよう。2005年度の統計によると、人類52億人のうち、34億人以上がこの「聖書ストーリー」に即した宗教の信者であるとされる。モーセやイエスたちは、決して量的に測られる流行を追ったわけではないだろうが、物語としてはどんな文学作品も遠くおよばないほどの流布範囲を達成したのである。しかも、これらの自覚的な信者に加えて、儒教、仏教、ヒンドゥー教などに属している場合でも、アダムとイヴの物語やモーセの十戒、イエスの十字架刑などを物語として知っている人びとは多いと思われるので、今のところ「聖書ストーリー」が人類の共通知識の一つになっていると言っても過言ではない。

ただ、「聖書ストーリー」の発端についての異論は少ないものの、13世紀で出揃ったどのエンディング・パターンを選択するかについては、下記のようにかなり見解が分かれている。

①**ユダヤ教徒**……世界中に拡散した約1500万人は、ユダヤ人の苦難の歴史で終わりにしたいと思っている。

②**キリスト教徒**……ヨーロッパや南北アメリカを中心とした約21億人は、神の一人子である救世主イエスの降臨と昇天でエンディングだと確信している。

③**スンナ派イスラーム教徒**……西アジア、南アジア、東南アジア、東アフリカを中心とした約13億人は、最終預言者ムハンマドが齎した『クルアーン』が完結編だと信じている。

④**イスマーイール派イスラーム教徒**……インド西海岸やパミールに住んでいる1500万〜2000万人は、イスマーイール系統のイマームが第7の告知者として降臨するエンディングを今でも期待している。

他に、ごく稀な例として、下記のようなパターンがある。

⑤**マンダ教徒**……イラク南部やイラン西部の5000〜1万人は、ユダヤ人もイエスもムハンマドも否定して、洗礼者ヨハネが伝えたグノーシスの教えがエンディングだと思っている。

⑥**ゾロアスター教徒**……インド西海岸やイラン中部に住んでいる約10万人は、やはりザラスシュトラはアブラハムではないと気がつき、近世以降に「聖書ストーリー」から離脱していった。

⑦**マーニー教徒**……もしかすると、福建省の山奥の数百人の村民は、マーニー・ハイイェーによるイエス・キリスト理解が正統なエンディングであると、今でも信じている。

各信者数をグラフに表すと、下図のようになる。

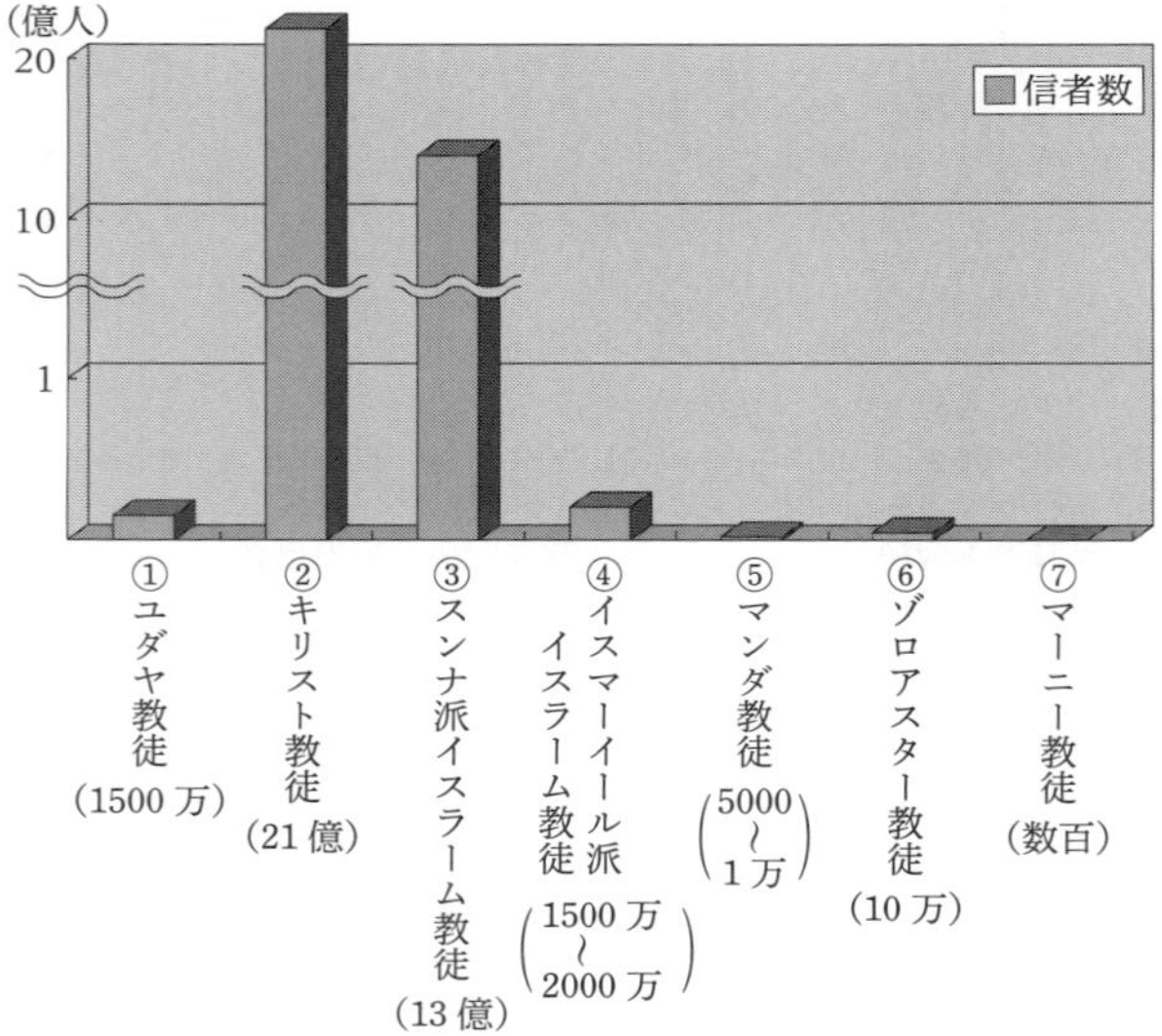

図表26　現代の「聖書ストーリー」エンディング別信者数

参考文献表

Allberry, C. R. C. (ed.) 1938: *A Manichaean Psalm-Book*, Part2, Stuttgart

Böhlig, Alexander 1989: "Zur Religionsgeschichtlichen Einordnung des Manichäismus," *Gnosis und Synkretismus: Gesammelte Aufsätze zur spätantiken Religionsgeschichte*, vol. 1, Tübingen, pp. 471-472

Corbin, Henry 1950: "Temple Sabéen et Ismaélisme," *Eranos-Jahrbuch*, 19（English tr. by Philip Sherrard, "Sabian Temple and Ismailism", *Temple and Contemplation*, London, 1986, pp. 132-182）

— 1951: "Le temps dans le Mazdéisme et dans l'Ismaélisme," *Eranos-Jahrbuch*, 20, pp. 149-217（日本語訳、「マズダー教およびイスマーイール派思想における巡回する時間」、神谷幹夫訳、『エラノス叢書01　時の現象学I』、平凡社、一九九〇年、一二五～二三八頁）

— 1961: *Trilogie ismaélienne*, Tehran and Paris

— 1982: *Temps cyclique et gnose Ismaélienne*, Paris (English tr. by R. Manheim and J. Morris, *Cyclical Time and Ismaili Gnosis*, London, 1983)

Daftary, F. 2007: *The Ismāʿīlīs: Their History and Doctrines*, second ed., Cambridge

Dhābhar, B. N. 1932: (ed.) *The Persian Rivayats of Hormazyar Framarz and others*, Bombay

Drower, Ethel Stefana 1937: *The Mandaeans of Iraq and Iran: their cults, customs, magic, legends, and folklore*, Oxford (reprint Leiden 1962; NY 2002)

— 1938-39: "The Mandaeans Today," *The Hibbert Journal*, 37, pp. 435-447

— 1953: *The Haran Gawaita and the baptism of Hibil Ziwa: the Mandaic text reproduced, together with translation, notes and commentary*, Vatican

— 1959: *Mandaeans. Liturgy and ritual: the Canonical Prayerbook of the Mandaeans*, Leiden
Filippani-Ronconi, P. 1966: *Ummu'l-Kitāb*, Naples
Franzmann, Majella 2003: *Jesus in the Manichaean Writings*, London
Gardner, Iain 2010: "Towards an Understanding of Mani's Religious Development and the Archaeology of Manichaean Identity," *Religion and Retributive Logic: Essays in Honour of Professor Garry W. Trompf*, Leiden, pp.147-158
Ghālib, Muṣṭafā (ed.) 1964: *Kitāb al-Haft al-Sharif*, Beirut
Gottheil, R. J. H.: 1894: "References to Zoroaster in Syriac and Arabic Literature," *Classical Studies in Honour of Henry Drisler*, New York and London, pp. 24-51
Guyard, Stanislas 1874: *Fragments relatifs à la doctrine des Ismaélîs*, Paris
Halm, Heinz 1978: *Kosmologie und Heilslehre der frühen Ismāʿīlīya: Eine Studie zur islamischen Gnosis*, Wiesbaden
— 1982: *Die islamiche Gnosis: Die extreme Schia und die ʿAlawiten,* Zürich-München
— 1996: "The Cosmology of the Pre-Fatimid Ismāʿīliya," *Mediaeval Ismaʿili History and Thought*, Cambridge, pp. 75-89
— 1997: *The Fatimids and their Traditions of Learning*, London
Hoffmann Georg 1880: *Auszüge aus syrischen Akten persischer Märtyrer*, Leipzig
Hübschmann, Heinrich 1883: *Armenische Studien: Grundzüge der armenischen Etymologie*, Breitkopf & Härtel, Leipzig
Hyde, Thomas 1700: *Historia religionis veterum Persarum eorumque magorum*, Oxford
Ivanow, W. 1936: "Umm al-Kitāb," *Der Islam*, 23, pp. 1-132
Jackson, A. V. W. 1965: *Zoroaster: the Prophet of Ancient Iran*, New York

Koenen, Ludwig 1990: “Wie Dualistisch ist Manis Dualismus?” *Carl Schmidt Kolloquium an der Martin Luther Universität 1988*, Halle, pp. 251-257

Lidzbarski, Mark 1905-15: *Das Johannesbuch der Mandäer*, 2 teile, Gießen

— 1920: *Mandäische Liturgien*, Berlin

— 1925: *Ginzā: Der Schatz oder das große Buch der Mandäer*, Göttingen

Lieu, Samuel N. C. 2008: “Manichaeism,” *The Oxford Handbook of Early Christian Studies*, Oxford, pp. 221-236

Moosa, Matti 1987: *Extremist Shiites: The Ghulat Sects*, Syracuse, New York

Mujmal al-Tawārīkh 1318 AH / 1939: ed. by Mohammad Taqī Bahār, Tehrān

Pedersen, A. 1988: “Early Manichaean Christology, Primarily in Western Sources,” *Manichaean Studies: Proceedings of the First International Conference on Manichaeism*, Lund, pp. 157-190

Polotsky, H. J. und Böhlig, A. 1940: *Kephalaia: Manichäische Handschriften der staatlichen Museen Berlin (Seite 1-243)*, Stuttgart.

Quispel, G. 1972: “Mani the Apostle of Jesus Christ,” *Epektasis Mélanges patristiques offerts au Cardinal Jean Daniélou*, Paris, pp. 667-672

Rāzī, Abū Ḥātim al- 1998: *Kitāb al-Iṣlāḥ*, Hasan Mīnūchihr (ed.), prepared for publication by Mahdî Mohaghegh, English introduction by Shin Nomoto, Tehran

Richter, Siegfried 1994: *Exegetisch-literarkritische Untersuchungen von Herakleidespsalmen des koptisch-manichäischen Psalmenbuches*, Altenberge

Rose, E. 1979: *Die manichäische Christologie*, Wiesbaden

Rudolph, Kurt 1978: *Mandaeism*, Leiden

Russell, James R. 1986: “A Pahlavi Fragment from Holy Echmiadzin, Armenia,” *Studia Iranica* 15, pp.111-

— 1988-89: "A Credo for the Children of the Sun," *Journal of the Society for Armenian Studies*, 4, pp. 157-160

— 1990: "Pre-Christian Armenian Religion," *Aufstieg und Niedergang der Römischen Welt II.18.4*, eds by W. Haase und H. Temporini, Berlin, pp. 2679-2692

— 1994a: "On the Armeno-Iranian Roots of Mithraism," *Studies in Mithraism*, ed. by J. Hinnells, Rome, pp.183-193

— 1994b: "On the Origins and Invention of the Armenian Script," *Le Muséon 107.3-4*, pp. 317-333

— 1998: "A Manichaean Apostolic Mission to Armenia?" *Proceedings of the Third European Conference of Iranian Studies*, 1, Wiesbaden, pp. 21-26

Shahrastānī, Abū al-Fatḥ Ibn ʿAbd al-Karīm al-, 1366-1375 AH / 1947-1955: *Kitāb al-Milal wa al-Niḥal*, ed. by Muḥammad Fatḥ Allah Badran, 2 vols. Cairo

Sijistānī, Abū Yaʿqūb al-1982: *Kitāb Ithbāt an-Nubūwat*, Beyrut

Stausberg, Michael 2002: *Die Religion Zarathushtras: Geschichte-Gegenwart-Rituale*, Band 1, Stuttgart / Berlin / Köln

Steigerwald, Diana 2005: "Al-Shahrastānī's Contribution to Medieval Islamic Thought," *Reason and Inspiration in Islam*, London, pp. 262-273

Stern, Samuel M. 1983: *Studies in Early Ismāʿīlism*, Jerusalem-Leiden

Walker, P. E. 1976: "Cosmic Hierarchies in Early Ismāʿīlī Thought: The View of Abū Yaʿqūb al-Sijistānī," *The Muslim World*, 66, pp. 14-28

— 1993: *Early Philosophical Shiism: The Ismaili Neoplatonism of Abū Yaʿqūb al-Sijistānī*, Cambridge

Widengren, Geo 1977: *Der Manichäismus*, Darmstadt

青木健（二〇〇八年）『ゾロアスター教』、講談社選書メチエ
同（二〇〇九年a）『アーリア人』、講談社選書メチエ
同（二〇〇九年b）「ザラスシュトラの預言者化――一〇世紀アラビア語文献に見るアーリア人神官からセム的預言者への変貌」、『宗教研究』、三六二号、九七～一二〇頁
同（二〇一〇年a）『マニ教』、講談社選書メチエ
同（二〇一〇年b）「ゾロアスター教ズルヴァーン主義研究1――『ウラマー・イェ・イスラーム』の写本蒐集と校訂翻訳」、『東洋文化研究所紀要』、第一五八冊、一六六（一一五）～一七八（二〇三）頁
同（二〇一一年a）「初期イスラーム神学ムゥタズィラ派研究2――『ウラマー・イェ・イスラーム』の写本蒐集と校訂翻訳」、『東洋文化研究所紀要』、第一五九冊、一一二（二四九）～一六六（二九五）頁
同（二〇一一年b）「ゾロアスター教ズルヴァーン主義研究3――『ウラマー・イェ・イスラーム』の写本蒐集と校訂翻訳」、『東洋文化研究所紀要』、第一六〇冊、二二四（四一三）～一二七（五一〇）頁
同（二〇一一年c）「『福建省霞浦県柏洋郷上万村マニ教徒村シンポジウム』の報告」、『神話・象徴・図像I』、篠田知和基（編）、楽瑯書院、八五～九二頁
同（二〇一二年）「ゾロアスター教ズルヴァーン主義研究4――『ウラマー・イェ・イスラーム』の写本蒐集と校訂翻訳」、『東洋文化研究所紀要』、第一六一冊、一四四（一三七）～一一八（一六三）頁
大貫隆（訳・著）（一九九九年）『グノーシスの神話』、岩波書店
同（二〇〇八年）『グノーシス「妬み」の政治学』、岩波書店
小川英雄（一九八五年）『古代オリエントの宗教』、エルサレム宗教文化研究所
同（二〇〇三年）『ローマ帝国の神々――光はオリエントより』、中公新書
菊地達也（二〇〇五年）『イスマーイール派の神話と哲学』、岩波書店
同（二〇〇九年）『イスラーム教「異端」と「正統」の思想史』、講談社選書メチエ

筒井賢治（二〇〇四年）『グノーシス――古代キリスト教の〈異端思想〉』、講談社選書メチエ
戸田聡（一九九六年）「キリスト教修道制の生成とマニ教――エジプトとシリアの場合」、『日本中東学会年報』、第一一号、一八三～二〇八頁
野元晋（一九九二年）「ファーティマ朝イスマーイール派における預言者イエス像」、『慶應義塾大学言語文化研究所紀要』、第二四号、二八一～三一三頁
同（二〇一一年）「初期イスマーイール派のイエス論――その概観と研究の現状」、『イスラームにおける知の構造と変容』、早稲田大学イスラーム地域研究機構、二一七～二三五頁
浜田華練（二〇一二年）「アルメニアキリスト教文献に見る『罪』としての『異教』」、『罪と贖罪の神話学』篠田知和基（編）、四三一～四四四頁
本村凌二（二〇〇五年）『多神教と一神教――古代地中海世界の宗教ドラマ』、岩波新書
森安達也（一九七八年）『キリスト教史Ⅲ　世界宗教史叢書3』、山川出版社
ルドルフ、クルト（二〇〇一年）『グノーシス――古代末期の一宗教の本質と歴史』、大貫隆・入江良平・筒井賢治（訳）、岩波書店

あとがき

本書は、序章の冒頭に掲げた「**などて神は人となりたまひしか**」の一句に象徴されるキリスト教の拡大にはじまり、終章に掲げた「**今日、われ**（アッラー）**は宗教を完成させた**」の一句に象徴されるスンナ派イスラームの完成で終わる。時間軸に換算すると二〜一二世紀の約一〇〇〇年間、地域的にはオリエント世界（主としてメソポタミア平原とイラン高原）における宗教思想の変遷が、本書の主題である。

序章で述べたように、この時期の西アジアの宗教史は、ユダヤ教・キリスト教に代表される「聖書ストーリー」の東漸が一貫した主軸をなす。その「聖書ストーリー」に対する東方独特の反応として、一方でその内部構造を問題とするグノーシス主義諸派が出現し、他方で「聖書ストーリー」に圧倒された東方土着の宗教の同化吸収が見られた。本書では、前者の代表として、メソポタミア南部で成立した**マンダ教**とメソポタミア中部で成立した**マーニー教**を挙げ、第一章と第二章をその解説に充てた。また、後者の代表として、アルメニア〜小アジアで成立した**ミトラ信仰**と、イラン高原で成立した**ゾロアスター教ズ**

ルヴァーン主義を挙げ、第三章と第四章をその解説に充てている。

七世紀にイスラームが成立してからは、「聖書ストーリー」東漸の主体が切り替わり、質的な変化も見られた。すなわち、八世紀のメソポタミアでグノーシス主義の復活とも受け取れる動きが現れ、シーア派諸派のなかの**イスマーイール派**として宣教活動を展開した。本書では第五章をこの解説に充てた。また、この時期には、キリスト教よりも一層柔軟に東方の土着宗教を同化しようとするイスラームの寛容さも発揮され、二**元論的ゾロアスター教**の教祖ザラスシュトラが「聖書ストーリー」の預言者に同定されていった。本書では、第六章をこの解説に充てた。

終章では、イスマーイール派の宣教活動に刺激された**スンナ派イスラーム**の成立によって、東方でこれ以上「聖書ストーリー」への擾乱作用が起こる可能性がなくなったこと、ただグノーシス主義的な発想が、イスラーム神秘主義文学として継承されたことを述べて、幕を閉じる。すなわち、全編を通観すれば、本書は「聖書ストーリー」がオリエント世界へ進出して巻き起こした宗教的波瀾とイスラーム世界への最終的結実を描いている。

＊　＊　＊

本書の原型は、二〇一一年度に試みた三つの講義である。その第一は、早稲田大学創造理工学部でおこなった「世界の宗教」の講義である。理系の学部学生の方々にとっては、宗教史上のディテールの集積は偶発的事件の羅列としか聴こえぬであろうから、構造的に鮮明な因果関係のプロットを導入しなくてはならない。黒板を書いては消し、消しては書いているうちに思いついたのが、「聖書ストーリー」を軸に東方の諸宗教を説明した序章の表である。幸いにも受講生の方々の興味は持続し、講義を全うすることができた。

その第二は、立教大学文学部でおこなった「キリスト教と諸思想〈イスラームを中心とした西アジア宗教思想〉」の講義である。キリスト教概論と称してイスラーム学を論じるという趣旨である。大抵のイスラーム学の教科書は、ムハンマドが啓示を受け取るところから説き明かすのが常であり、筆者もキリスト教と接続してイスラームを論じると云う荒技は持ち合わせていなかった。そこで、マンダ教やマーニー教、東方キリスト教を説いて二〜七世紀のあいだを埋めたのがこの講義である。本書の第一〜四章は、直接にはこの講義のレジュメに由来している。

その第三は、専修大学文学部でおこなった「イスラム思想史」の講義である。哲学科の科目だったので、ギリシア哲学から説き起こしてグノーシス主義に話頭を転じ、イスラーム時代以降はイスマーイール派を中心に据えてグノーシス主義から哲学への思想的翻展を扱った。本書の第五章は、この講義のレジュメに依拠している。いずれの講義でも、熱心に受講して下さった学生の方々にお礼申し上げたい。

＊　＊　＊

本書を何とか独自の知的構造物にしようと、近年、ピーター・ブラウン（一九三五年〜）が説いた西洋古代史上の「古代末期」概念への修正意見が噴出していると聞くことから（ピーター・ブラウン、『貧者を愛する者』、戸田聡訳、慶應義塾大学出版会、二〇一二年参照）、自分なりに東方から見た「古代末期」像をまとめてみた。できあがったのは、ローマ帝国もキリスト教の聖人も修道院制も登場しない代わりに、ペルシア帝国、グノーシス主義、ファーティマ王朝などをクローズアップした試論である。

もとより、オリエント〜イスラームを貫いて流れる宗教思想の推移は、時間的にも地理的にも広大な範囲を同時進行でカバーせねばならず、本書の執筆は、オムニバスを積み重ねて筋の通った大河ドラマを構築するような彫心鏤骨《ちょうしんるこつ》の作業になった。それが成功したかどうかは筆者が判断するところではないが、本書によって錯綜する古代末期オリエント〜イスラームの宗教思想史の鳥瞰図を、幾分なりとも提供できていれば幸いである。その反面、意識せざる不正確な記述は避けられないと思う。もちろん、それらは筆者が引き受けなくてはならない責任である。

最後に、講談社現代新書の編集者の所澤淳氏には、筆者の引き出しに何が収まっているかを的確に見抜いたご提案をいただいたうえに、最初にミットを構えたところからかなり逸れたところに暴投したにもかかわらず、見事に捕球してこのようなかたちに仕上げていただきました。ここに記し、篤くお礼を申し上げます。

二〇一二年三月三日　ベルリン・ランツベルガー・アレーにて

青木　健

N.D.C.209.33 227p 18cm
ISBN978-4-06-288159-3

講談社現代新書 2159

古代《こだい》オリエントの宗教《しゅうきょう》

二〇一二年六月二〇日第一刷発行 二〇二〇年六月二四日第五刷発行

著者 青木《あおき》 健《たけし》 ©Takeshi Aoki 2012

発行者 渡瀬昌彦
発行所 株式会社講談社
東京都文京区音羽二丁目一二―二一 郵便番号一一二―八〇〇一
電話 〇三―五三九五―三五二一 編集（現代新書）
〇三―五三九五―四四一五 販売
〇三―五三九五―三六一五 業務
装幀者 中島英樹
印刷所 豊国印刷株式会社
製本所 株式会社国宝社

定価はカバーに表示してあります Printed in Japan

本書のコピー、スキャン、デジタル化等の無断複製は著作権法上での例外を除き禁じられています。本書を代行業者等の第三者に依頼してスキャンやデジタル化することは、たとえ個人や家庭内の利用でも著作権法違反です。Ⓡ〈日本複製権センター委託出版物〉複写を希望される場合は、日本複製権センター（電話〇三―六八〇九―一二八一）にご連絡ください。

落丁本・乱丁本は購入書店名を明記のうえ、小社業務あてにお送りください。

送料小社負担にてお取り替えいたします。

なお、この本についてのお問い合わせは、「現代新書」あてにお願いいたします。

「講談社現代新書」の刊行にあたって

教養は万人が身をもって養い創造すべきものであって、一部の専門家の占有物として、ただ一方的に人々の手もとに配布され伝達されうるものではありません。

しかし、不幸にしてわが国の現状では、教養の重要な養いとなるべき書物は、ほとんど講壇からの天下りや単なる解説に終始し、知識技術を真剣に希求する青少年・学生・一般民衆の根本的な疑問や興味は、けっして十分に答えられ、解きほぐされ、手引きされることがありません。万人の内奥から発した真正の教養への芽ばえが、こうして放置され、むなしく滅びさる運命にゆだねられているのです。

このことは、中・高校だけで教育をおわる人々の成長をはばんでいるだけでなく、大学に進んだり、インテリと目されたりする人々の精神力の健康さえもむしばみ、わが国の文化の実質をまことに脆弱なものにしています。単なる博識以上の根強い思索力・判断力、および確かな技術にささえられた教養を必要とする日本の将来にとって、これは真剣に憂慮されなければならない事態であるといわなければなりません。

わたしたちの「講談社現代新書」は、この事態の克服を意図して計画されたものです。これによってわたしたちは、講壇からの天下りでもなく、単なる解説書でもない、もっぱら万人の魂に生ずる初発的かつ根本的な問題をとらえ、掘り起こし、手引きし、しかも最新の知識への展望を万人に確立させる書物を、新しく世の中に送り出したいと念願しています。

わたしたちは、創業以来民衆を対象とする啓蒙の仕事に専心してきた講談社にとって、これこそもっともふさわしい課題であり、伝統ある出版社としての義務でもあると考えているのです。

一九六四年四月　野間省一

宗教

Ⓒ

政治・社会

1145 冤罪はこうして作られる　小田中聰樹
1201 情報操作のトリック　川上和久
1488 日本の公安警察——青木理
1540 戦争を記憶する——藤原帰一
1742 教育と国家——高橋哲哉
1965 創価学会の研究——玉野和志
1977 天皇陛下の全仕事——山本雅人
1978 思考停止社会——郷原信郎
1985 日米同盟の正体——孫崎享
2068 財政危機と社会保障——鈴木亘
2073 リスクに背を向ける日本人　山岸俊男／メアリー・C・ブリントン
2079 認知症と長寿社会——信濃毎日新聞取材班

2115 国力とは何か——中野剛志
2117 未曾有と想定外——畑村洋太郎
2123 中国社会の見えない掟　加藤隆則
2130 ケインズとハイエク　松原隆一郎
2135 弱者の居場所がない社会　阿部彩
2138 超高齢社会の基礎知識　鈴木隆雄
2152 鉄道と国家——小牟田哲彦
2183 死刑と正義——森炎
2186 民法はおもしろい——池田真朗
2197 「反日」中国の真実——加藤隆則
2203 ビッグデータの覇者たち——海部美知
2246 愛と暴力の戦後とその後——赤坂真理
2247 国際メディア情報戦——高木徹

2294 安倍官邸の正体——田﨑史郎
2295 福島第一原発事故 7つの謎　NHKスペシャル『メルトダウン』取材班
2297 ニッポンの裁判——瀬木比呂志
2352 警察捜査の正体——原田宏二
2358 貧困世代——藤田孝典
2363 下り坂をそろそろと下る　平田オリザ
2387 憲法という希望——木村草太
2397 老いる家　崩れる街　野澤千絵
2413 アメリカ帝国の終焉　進藤榮一
2431 未来の年表——河合雅司
2436 縮小ニッポンの衝撃　NHKスペシャル取材班
2439 知ってはいけない——矢部宏治
2455 保守の真髄——西部邁

Ⓓ